헤드헌터
정신

헤드헌터 정신

The Essence of
Headhunter

박영사

정도를 걷는 헤드헌터 정신을 위해

헤드헌터는 채용 시장을 선도하는 역할을 수행한다.

正道^{정도}를 걷는 헤드헌터가 모범이 되어 업계를 이끌어야 올바른 채용 시장 관행이 확립된다.

正道^{정도}는 올바른 길, 정당한 도리를 뜻한다. 이는 헤드헌터가 반드시 가져야 할 소명이자 핵심 가치이다. 헤드헌터가 이러한 '정도'를 마음에 새기고 노력하면 비로소 매슬로우가 언급한 자아실현을 추구할 수 있다.

헤드헌터는 공인의 자세로 확실히 약속을 이행하며, 모범이 되는 '완벽성'을 갖추어야 한다. 이러한 '완벽성'은 자신이 하는 일에 value, 즉 '가치'를 담아야 이룰 수 있다. '가치'를 추구할 때 기업의 채용과 후보자의 커리어 방향에 해법을 줄 수 있기 때문이다. 가치를 통해 직업 정신을 고양하는 이들이 바로 영향력 있는 사람, 사회학에서 언급하는 '파워 엘리트'인 셈이다.

헤드헌터가 파워 엘리트가 되는 지름길은 따로 있지 않다.

정도를 걸어야 한다. 세상은 정도를 걷고 자기 일에 가치를 담아 영향력을 줄 수 있는 헤드헌터를 필요로 한다.

시중에 출간된 헤드헌터 관련 책들은 대부분, 인터넷 검색만으로도 알 수 있는 헤드헌터라는 직업에 대한 이야기나 흥미 위주의 단편적인 헤드헌팅 실무 책이 대부분이다. 이런 현실에서 '헤드헌터 정신'은 헤드헌팅의 기준과 이정표가 될 역할에 최선을 다할 것이다.

'헤드헌터 정신'을 통해, 서치펌 헤드헌터들도 정도를 지키며 소명의식에 기반을 둔 노력으로 큰 결실을 얻기를 기원한다. 그렇게 모두가 바르고 진실하게 꾸준히 노력한다면 스스로의 권익 또한 더욱 확고하게 보호받게 될 것이다.

시대가 필요로 하는 '제대로 된 헤드헌팅'을, '헤드헌터 정신'을 통해 확실히 배우게 될 것임을 약속한다.

2018년 10월
커리어앤스카우트 헤드헌터 一同(일동)

| 목차 |

헤드헌터로서 글쓰기 능력은 매우 중요하다
– 헤드헌팅과 글쓰기 능력

헤드헌터에게 가장 중요한 능력은 무엇일까? 인재를 발굴하고 감별하는 능력일까? 서로의 니즈가 맞는 회사에 해당 인재를 잘 연결하는 소통 능력일까?

누군가 내게 헤드헌터로서 필수적인 능력에 대해 묻는다면, 무엇보다 '글쓰기 능력'이라고 대답할 것이다. 헤드헌터에게 가장 중요한 능력이라 해도 과언이 아니다. 특히 후보자, 고객사, 헤드헌터들 간 소통이 일의 성패를 좌우하기 때문에, 소통에 기본이 되는 글쓰기 능력이 중요하다.

헤드헌터뿐 아니라 법조인, 정치인, 언론인 등 전문직에게도 마찬가지로 글쓰기 능력이 중요하다. 그러나 이 지점에서 오해할 여지가 있다. 내가 강조하는 탁월한 글쓰기 능력이란 예술과 문학의 영역에 속하지 않는다. 헤드헌터라면 소설가 무라카미 하루키나 김훈, 이문열과 동등하거나 또는 유사한 문학적 수준에 도달해야 한다는 의미가 결코 아니다.

그렇다면 헤드헌터에게 필요한 글쓰기 능력이란 무엇일까?

바로 정보를 꼼꼼히 분석해 핵심을 파악한 뒤 전하는 상대에게서 이해와 공감을 이끌어내는 능력이다. 그러려면 우선 사실과 의견을 합리적으로 분리해야 하며, 여기에서 사실이란 증명 가능한, 최대한 객관적이고 정직한 내용이어야 한다. 따라서 헤드헌터에게 필요한 글쓰기 능력은 합리적 이성, 논리, 인격, 종합적인 교양이 전부 드러나는 지적 능력이다.

글쓰기 능력에 앞서 필요한 총체적인 지적 능력을 높이려면, 최대한 생각을 많이 하며 글도 많이 써야 한다. 거창한 글이나 원고나 기고를 뜻하는 게 아니다. 이메일 한 통이든 서류 작성이든 또는 짤막한 평판 조회든 SNS에 밝히는 소견이든, 짧든 길든, 글을 쓰려면 분명 꾸준히 노력해야 한다. 노력은 시간을 요구한다. 많은 시간을 투자한 사람이 결국은 장기적으로 성공한다.

글쓰기에서는 한 번에 오래도록 집중하는 것도 중요하지만, 백지 공포증을 딛고 더 자주 써보는 것 또한 효과적이다. 외국어와 글쓰기의 공통점은 투자한 절대 시간뿐 아니라 매일매일 조금씩이라도 꾸준히 하는 빈도 시간 또한 중요하다는 것이다.

헤드헌터는 기업에서 제시한 JD^{Job Description}를 보고 인재를 발굴해 추천한다. 보통 이메일을 통해 이력서를 첨부해 고객사에 추천을 하는데, 이 이메일 또한 상당히 논리 정연해야 한다.

서론, 본론, 결론의 논리로 구성을 갖추어야 하며, 추천하는 이유가 결론에 반드시 들어가야 한다. 이를 추천의 성립 요건이라고 한다. 헤드헌터 간 협업을 할 때에도 이 방식은 그대로 적용된다. 고객사 담당 헤드헌터에게 이력서를 전달하는 작업 또한 채용 성사를 위한 일련의 추천 행위이기 때문이다.

다음과 같은 부분에 주의하도록 하자.

협업을 하는 헤드헌터들의 노고가 헛되지 않게 하려면, 고객사 담당 헤드헌터는 단순히 고객사에 '검토 후 회신 바랍니다'라고 보내지 말아야 한다. 감정에 호소하여 후보자를 찬양하듯 들이대는 감정적인 내용도 배제해야 한다. 비유하자면 이는 뚜렷한 공약이 없는, '당선을 위한 호소'일 뿐이다.

헤드헌터뿐만 아니라 채용 담당자 또한 마찬가지로 주의해야 한다. 헤드헌터에게 즉흥적으로, 생각나는 대로 요구하는 주관적이며 두리뭉실한 JD는 지양해야 한다. 채용 담당자는 기업의 상징이다. 채용 담당자의 언행과 수준이 곧 해당 기업의 이미지로서 업계에 소문이 난다는 사실을 냉철히 인지해야 한다. 설령 채용이 이루어지지 않더라도 헤드헌터들에게 비난받을 행동은 하지 말길 권고한다. 고객사는 헤드헌터에게 정확한 사실관계에 입각한 진실된 JD 정보를 제공해야 한다.

언젠가 책임지지 못할 내용까지 포함된 장문의 후보자 추천 사유를 본 적이 있다. 자문을 구해온 터라, 핵심을 파악하여 한 문장으로 고치도록 했다. '프리랜서 경력을 포함하면 총 네 번 이직했는데, 매번 주력으로 한 업무는 입찰관리입니다.' 이어서 '그러므로' 라는 논리로 추가 설명이 들어가고 추천사유가 결어로 나오며 마무리 된다. JD는 입찰관리와 무관하지만, 사실관계에 입각한 논리 전개를 위해 필요한 전제로 활용한 사례이다.

자문을 주었던 위 진행은 서류전형에 합격, 최종면접으로까지 이어졌다. 위 후보자가 타 서치펌 후보자들에 비해 스펙이 상대적으로 약했으나 추천 사유 덕분에 최종 단계까지 갔음을 채용 담당자 또한 인정한 바 있다. 고객사에서 정확한 JD를 제공했고 헤드헌터는 JD에서 원하는 내용을 정확히 파악했기 때문이다. 그러므로 헤드헌터는 채용 담당자로부터 애초에 정확한 JD를 확보하는 것이 중요하다.

'○○ 사이트에 올라간 내용 보시고 좋은 분 알아서 추천해

주세요'라고 의뢰하는 고객사와는 처음부터 진행 자체를 하지 않는 편이 낫다. 헤드헌터가 채용 담당자에게 '압축 파일 열어보시고 회신해주시면 후보자에게 이직 생각 있나 물어볼게요'라고 소통하는 수준과 마찬가지다. 무성의하고 비합리적인 소통 방식, 진정성이 결여된 작업 방식인 것이다.

시험에는 정답이 존재한다. 그런데 틀린 문제도 존재한다. 흔히들 출제 오류라고 한다. 헤드헌터라면 고객사에서 제시한 JD를 대할 때 출제 오류를 분석하는 자세로 임해야 한다. 헤드헌터는 고객사가 제시한 문제에 대해 생각하고 그 생각에 대한 답을 제시해야 한다. 이 문제 해석과 답을 제시하는 모든 과정에서 바로 지적 능력의 종합인 글쓰기 능력이 요구된다. 헤드헌터에게 헤드헌팅의 처음부터 끝까지, 글쓰기 능력이 상당히 중요한 이유다. 글쓰기 능력이 곧 소통 능력이며, 소통 능력이 곧 제대로 된 인재 추천과 합격으로 이어지기 때문이다.

헤드헌터는 후보자 정보를 반드시 파악해야 한다
- 헤드헌팅과 후보자 정보의 중요성

보이지 않는 정보력이 국가 성패와 직결되듯, 헤드헌터가 수집한 정보는 채용 결과로 직결된다. 따라서 정보 수집과 정보 분석 능력은 헤드헌터에게 대단히 중요하다. 특히 헤드헌팅의 핵심인 인재 발굴과 검토에서 후보자 정보는 채용의 큰 비중을 차지한다.

후보자에 대한 정보 수집과 분석은 '휴민트'로 설명할 수 있다. 휴민트는 'human사람'과 'intelligence정보'의 합성어이다. (국가 정보학 참고) 인적 네트워크를 활용해 얻은 인적 정보로서, 서치 펌의 영업비밀과 직결되는 핵심 정보자산이다.

후보자를 찾고 후보자의 헤드헌팅 진행을 도맡아 하는 사람을 '추천인'이라고 한다. 추천인은 후보자와 교신하는 과정에서 이러한 휴민트 정보의 수집과 분석을 책임진다. 이 과정에서 추천인은 후보자가 처한 사정과 상황인 '정황'을 완벽히 파악해야 한다. 후보자 니즈, 후보자가 지원한 기업, 제안 받은 연봉, 후보자 태도 등이 그 예이다.

이러한 노력으로 헤드헌터가 파악한 후보자 정황은 후보자 정보 분석으로 이어진다.

위 과정에서 헤드헌터에게 적극적으로 협조한다면 후보자는 커리어 조언까지 얻을 수 있다. 다시 말해, 비용을 들이지 않고 컨설팅을 받는 것과 다르지 않다. 이 과정이 제대로 된 추천인^{헤드헌터}이 해야 할 후보자 서칭의 기본이다.

반면 후보자 니즈 파악도 하지 않은 채 그저 이력서만 받으려는 저급한 수준으로 일을 하는 헤드헌터도 존재한다. 이처럼 단순히 후보자 이력서만 받아서 넘긴다면 진정한 헤드헌터라고 볼 수 없다. 업계의 물을 흐리는 이러한 헤드헌터로 인해 무고한 헤드헌터들까지 비난을 받는다.

이런 헤드헌터는 문자 메시지나 메일로 쉽게 클라이언트^{기업}를 공개, 이력서를 달라고 한다. 후보자가 무엇을 지향하는지 파악조차 않고 복사한 문자 메시지나 메일로만 교신한다. 후보자가 다른 곳에서 제안을 받는 조건이나 현황조차 파악하려고 하지 않는다.

이는 헤드헌팅이 아니라 '날림'이다.

'정성을 들이지 아니하고 대강대강 아무렇게나 하는 일'.

국어사전에 나오는 '날림'의 정의이다. 그저 후보자 이력서만 받아서 전달하는 '날림식 헤드헌터'에게는 공통점이 있다.

그것은 바로 '후보자에게 진행 결과를 제대로 알려주지 않는다는 점'이다.

헤드헌터는 상식적으로 추천한 후보자에 대해 서류, 면접전형 합격을 하면 당연히 알린다. 이와 마찬가지로 헤드헌터로서 후보자에게 탈락 내지는 부적격에 대한 통보도 당연히 해야 한다. 이러한 당연한 의무를 제대로 하지 않아서 헤드헌터에게 피해를 주고 서치펌 이름에 먹칠을 한다.

이런 불성실한 헤드헌터는 내부 협업에서도 후보자 진행에 대해 성실하게 마무리하지 않는다. 후보자 회신이 없다면 지원의사가 없는 것인데도 어떤 마무리 없이 방치하는 것이 그 예 중 하나이다.

헤드헌터는 후보자 정보를 반드시 파악해야 한다. 매우 중요한 부분이다.

정리하자면 추천인은 후보자 정황을 제대로 파악해야 한다. 후보자에게 정확한 결과를 알려줘야 할 책임이 있다는 사실 또한 명심해야 할 것이다.

채용에 대한 문제를 내는 출제자는 바로 기업^{클라이언트}이다.

출제자는 힌트는 주더라도 결코 답을 주지 않는다. 그 답은 후보자로부터 찾아 헤드헌터가 출제자에게 제시하는 것이다. 지금의 후보자가 당장은 답이 아니어도, 추후 다른 문제의 답이 될 수 있음을 항상 명심하라.

채용 내정이 반드시 최종합격은 아니다
— 채용 내정과 최종합격 취소

최종합격 통보 후 입사 예정인 후보자를 '채용 내정자'라고 한다.

'내정內定'이란 '정식 발표가 나기 전 이미 내부적으로 인사를 정했다'라는 의미이다. 본채용정식채용에 앞선 상당 기간 전 채용할 자를 미리 결정해두었다는 뜻이다.

기업이 채용 내정자에게 '정당한 사유' 없이 내정을 취소하면 불법행위가 성립한다. 근로관계의 성립 여부를 따진다면 채용 내정의 취소는 실질적으로 해고에 해당한다. 그러므로 기업이 채용 내정자의 합격을 취소하는 경우 부당해고에 해당할 수 있다.

판례에 의하면 '채용 내정 취소 통지는 해고에 해당하고, 채용 내정 취소에 정당한 이유가 없는 한 채용 내정 취소는 무효'라고 나온다. (서울지법 98가합20043, 1999.4.30) 즉, 정당한 이유 없이 채용 내정을 취소한다면 부당해고에 해당하며, 사법상 무효가 된다는 의미이다. 따라서 이런 경우에 채용 내정자는 민사소송 내지 노동위원회에 신청하여 구제받을 수 있다.

그러나 위 판례에 따르면 기업의 '정당한 이유'가 있다면 채용 취소는 합법이라는 의미가 된다. 근로기준법 제23조의 정당한 이유 또는 제24조의 경영상 이유에 따르면 채용 취소는 정당하다. 입사가 확정된 후보자도 이력 허위기재 등 내정자 귀책이 있다면 채용 취소도 정당하다. 경영상 이유에 따른 취소 역시 기업의 정당한 행위로 볼 수 있다.

따라서 후보자는 단지 최종합격 통보를 한 행위가 채용 내정을 의미하지 않음을 알아야 한다. 기업이나 헤드헌터가 후보자가 마음에 든다며 채용하겠다고 한다 해도 사실 채용 내정이 아니다. 예를 들면 기업이 후보자에게 예상 출근 일자를 물어본 사실을 두고 합격 통보로 오해하기도 한다.

채용 내정이란 후보자와 기업 쌍방이 처우와 입사일을 정해 입사가 확정된 상태를 뜻한다. 후보자가 면접 전형에 합격한 후 처우 협상 과정에서 채용이 결렬된 것은 채용 취소가 아니다. 이런 경우 아무리 부당해고라고 주장한들 노동위원회에서 '각하' 처분을 받게 된다.

후보자는 입사일 확정 등 법적으로 확실한 '최종합격' 상태가 된 이후 채용 내정으로 여겨야 한다. 기업 또한 후보자나 헤드헌터가 채용 내정으로 오해할 수 있는 발언을 지양해야 함은 물론이다.

　헤드헌터는 기업과 후보자 간에 오해가 없도록, 사실에 기초한 정확한 소통을 주도해야 한다. 특히 채용 과정에서 불미스러운 일이 없게끔 서면을 통한 확실한 의사전달이 이루어져야 한다.

헤드헌터에게는 지켜야 할 윤리가 있다

– 헤드헌터의 윤리강령(倫理綱領)

ISO인증 헤드헌팅 전문기업 커리어앤스카우트는 Executive search firm으로서 지켜야 할 윤리관행과 AESC(Association of Executive Search Consultants of the USA)의 지침을 준수합니다.

① 저희는 고객사 프로젝트를 수행할 수 있는 충분한 능력을 보유하고 있다고 판단할 경우에만 헤드헌팅 계약을 체결합니다.

② 저희는 고객사 및 후보자와 관련된 모든 정보에 관하여 영업비밀로 인정하므로 비밀유지의무를 철저히 준수합니다.

③ 저희는 고객사에 추천하는 후보자 이력서에 대해 철저한 검증을 하고 잘못된 부분을 발견하면 즉시 고객사에 알립니다.

④ 저희는 고객사로부터 받은 공식 프로젝트에만 후보자 정보를 제공하며 후보자의 완벽한 동의로 프로젝트에 추천합니다.

⑤ 저희는 고객사에 추천한 후보자의 신상변동 및 특이사항이 있으면 고객사에 후보자 관련 사실관계를 신속하게 알립니다.

⑥ 저희는 적합한 후보자를 찾기 어렵거나 프로젝트 진행이 불가능한 경우 고객사에 해당 사유를 알리고 대안 제시를 합니다.

⑦ 저희는 고객사와 체결한 업무협약서의 내용을 지켜야 할 의무와 책임이 있기에 신의 성실한 자세로 계약 내용을 준수합니다.

위 내용은 서치펌 헤드헌터가 지켜야 할 윤리강령(倫理綱領)이다.

윤리강령이란 전문직 단체가 중심으로 삼는 가치관을 명문화하고 스스로 나아가야 할 자아상, 자기책무, 최소한의 행동 준칙 등을 내걸어 자기규제를 행할 기준을 나타낸 것이다. 'code of ethics'라고 하며, 전문직 성립의 한 조건이기도 하다.

위 1항은 서치펌의 책임과 능력을 갖추어 완벽한 인재추천 능력을 충분히 보유해야 한다는 의미이다. 대형 서치펌에 있는 막강한 내부 시스템, 정보력, 협업 능력 등을 갖추어야 한다는 뜻이다.

2항은 서치펌에서 다루는 고객사, 후보자, 프로젝트에 대한 영업비밀 준수의 중요성을 의미한다. 판례에도 나오듯 헤드헌터가 수집한 정보는 서치펌의 영업비밀이므로 정보 보안에 힘써야 한다.

3항은 후보자 검증을 철저하게 하겠다는 약속이다. 헤드헌팅에서 매우 중요한 부분이다. 후보자의 평판을 철저히 조사해야 하며, 이력서 허위기재 등을 발견하면 고객사에 알려야 한다.

4항은 정식 의뢰를 받은 프로젝트만 진행하며, 그 과정에서 후보자 동의는 필수라는 것이다. 개인 정보인 후보자 이력을 후보자 동의 없이 기업에 넘긴다면 불법행위가 성립됨을 인지하고 있어야 한다.

5항은 서치펌에서 추천한 후보자 특이사항이 있다면 신속히 사실관계를 알려야 함을 뜻한다. 설령 서치펌의 이익에 반하는 경우에도 헤드헌터는 클라이언트에게 정직해야 한다는 것이다.

6항은 헤드헌터의 인재 추천을 기다리는 고객사에 일의 진행을 투명하게 공유해야 함을 의미한다. 헤드헌팅이 불가능한 경우, 고객사에 상황을 설명하여, 고객사를 마냥 기다리게 하지 말아야 한다.

7항은 헤드헌팅에서 가장 중요한 '신의성실의 원칙'을 확실하게 지키겠다는 의미이다. 헤드헌터는 고객사와 체결한 계약을 확고하게 준수해야 할 책임과 의무가 있다는 뜻이다.

헤드헌터 윤리강령은 그 어떠한 상황에서도 헤드헌터가 지켜야 하는 중요한 지침이다. 이러한 지침은 기업과 인재가 함께 상생하며 발전하는 채용문화를 만드는 데 일조할 것이다.

후보자 최종 검증은 헤드헌터가 아니라 기업의 몫이다
– 후보자 최종 검증의 책임 소재 여부

'버튼을 선택할 수 있는 권리가 있다면 결국 버튼을 누른 사람이 결과에 책임을 져야 한다.' 이 말은 후보자 채용에 대한 책임은 채용을 결정한 최종 결정권자가 져야 한다는 의미이다.

한국직업사전에 의하면 헤드헌터의 주업무는 서칭과 소개이다. (한국직업사전, 2016., 고용노동부 한국고용정보원 워크넷) 헤드헌터의 직무는 고급인력을 필요로 하는 기업에 적정인력을 소개하는 일이다.

보다 더 상세히 헤드헌터가 하는 일을 알아보자.

헤드헌터는 의뢰 업체를 방문해 요구하는 인재의 능력, 성격, 경력, 제시 연봉 등을 파악한다. 의뢰 업체의 비전, 조직구조, 조직문화, 경력 경로 등을 파악한다. 기존 자료나 인재 탐색을 통해 의뢰 업체에서 요구하는 인재와 부합하는 인재를 몇 배수 선발한다. 대상자와 접촉하여 스카우트 제의를 표시한다. 후보 대상자를 대상으로 업무수행 능력과 인성을 중심으로 인터뷰한다. 후보자 중 추천할 사람을 선정해 대상자의 경력, 학력, 인성, 전직 이유, 희망 연봉 등을 기술하여 의뢰 업체에 송부한다. 의뢰 업체에서 긍정적인 반응을 보인 후보자와 연봉 등을 협상하고 조정한다. (한국직업사전, 2016., 고용노동부 한국고용정보원 워크넷)

위 고용노동부, 한국직업사전 등 정의에 따르면 헤드헌터의 주 역할은 '인재의 서칭과 추천'이다.

헤드헌터는 기업에 추천한 후보자의 채용이 이루어질 경우에 수수료를 받는다. 기업은 후보자 서칭에 많은 노력이 필요하기 때문에 비용을 주고 헤드헌팅을 이용하는 것이다. 이 과정에서 헤드헌터는 후보자 추천 사유를 기재, 이력서를 '가공加工'하여 고객사에 전달한다. 여기서 '가공'이란 남의 소유물에 노력을 가해 새로운 물건을 만들어낸다는 의미이다.

채용은 단지 헤드헌터의 소개나 추천으로 완료되지 않는다. 채용은 결정決定이 이루어져야 완료되며, 최종 검증과 채용 결정은 기업고객사이 한다. 헤드헌터는 인재 소개를 위한 서칭을 할 뿐, 후보자 검증에 대한 최종 책임은 고객사에 있다는 의미이다. 이러한 검증이 바로 서류상 검증인 '서류전형', 대면 검증인 '면접전형'이다.

후보자 '최종 검증'과 '채용 결정'에 대한 권한, 책임은 전적으로 고객사에 있으므로, 헤드헌터가 후보자를 발굴하여 추천하더라도 기업은 후보자에 대해 철저히 검증해야만 한다. 기업이 후보자에 대한 자체 검증 과정에서 부적합 사유를 발견했다면 신속히 불합격 처리를 해야 한다. 아울러 기업은 후보자 불합격 사유를, 신의를 갖춘 성실한 자세로 반드시 헤드헌터에게 알려야 한다.

기업^{고객사}과 달리 서치펌은 후보자 검증에 한계가 있다.

이러한 한계는 '정보의 비대칭^{非對稱}' 때문이다. 정보의 비대칭은 시장에서의 각 거래 주체가 보유한 정보에 차이가 있을 때 그 불균등한 정보 구조를 의미한다. 정보 분포에 편향이 있기 때문에 경제 주체 사이에 정보 격차가 생기는 현상이나 그러한 성질을 뜻한다.

위의 예로 동일한 포지션이라 하더라도 고객사마다 상황이 서로 다름을 예로 들 수 있다. 예컨대 회계팀장의 경우, 어떤 기업은 팀원 급이라도 실무보다는 리더십, 총괄, 지휘 능력을 요구한다. 또 어떤 기업은 팀장 급이어도 팀원들과 함께 실무를 해야 하는 경우도 있고, 또한 회계팀장이지만 세무나 재무 등 어떤 특정한 능력이 요하는 기업도 있다.

고객사가 헤드헌팅 회사에 중요 정보를 사전에 명시적으로 알리지 않는 한, 헤드헌터는 정보 비대칭을 극복하는 데 최선을 다해야 한다. 즉, 헤드헌터는 고객사로부터 받은 채용정보에 따라 사회통념 또는 상식의 기준으로 후보자 군을 폭넓게 서칭하여 추천하는 과정을 통해, 고객사가 선택할 수 있는 범위를 확장하는 노력을 한다. 고객사는 자사만이 알고 있는 정보와 기준으로, 추천받은 후보자에 대해 철저히 검증한 후 합격 여부를 결정한다.

　　그러므로 헤드헌터는 '정보의 비대칭'으로 인해 고객사가 밝히지 않은 정보, 예를 들어 기업 내부 상황이나 팀원들의 분위기 등을 완벽하게 알 수 없다. 따라서 어떤 후보자가 고객사에 적합한지 제대로 파악이 가능한 것은 결국 고객사, 즉 기업이다. 그러므로 기업이 후보자 채용에 대한 최종 검증을 해야 할 책임과 의무가 있다는 것이다.

　　이처럼 후보자 검증의 최종적이고도 전적인 책임과 권한이 기업, 즉 고객사에 있음이 법적으로 명확한데도 기업은 후보자에 대한 '검증'을 헤드헌팅 회사의 전적인 책임으로 간주하는 경우가 있다. 이는 헤드헌터의 역할과 책임에 대한 무지에서 비롯한 판단 오류라 하겠다.

헤드헌팅 회사, 제대로 알고 의뢰하자
– '서치펌'을 제대로 '서치'하기

이번에는 기업의 채용 담당자들이 특히 주의 깊게 귀 기울여야 할 부분이다.

헤드헌팅을 활용해 인재를 추천하기로 마음을 먹었다면 서치펌의 '업력業力'을 확인하라.

업력이라는 것은 단지 서치펌 법인의 설립연도와 같은 시간적인 부분이 아니다. 해당 헤드헌팅 기업만의 무기나 특장점 그리고 그 서치펌만의 차별화된 특징을 의미한다.

대기업외국계 포함 등 벤더 등록 절차가 까다로운 곳과 실제로 헤드헌팅 계약이 이루어진 사례를 확인해보라. 벤더 등록이 까다로운 대기업 계약 체결이 증명된다면 서치펌에 대한 좋은 평가로 이어진다. 해당 서치펌의 헤드헌팅 능력은 검증된 것으로 볼 수 있기 때문이다.

또한 언론에 나온 부분을 찾아보고 해당 서치펌의 수준을 '주관적'으로 가늠해보길 바란다. 친분과 인간적인 고려 등으로 고객사와 계약이 이루어지던 시대는 이미 지나간 지 오래이다. 지금은 헤드헌팅 회사에 대한 분석 자료를 토대로 기업의 벤더 등록^{계약} 절차를 거치게 된다. 서치펌의 재정상태 파악을 위하여 재무제표 등을 요구하는 기업도 늘어났다.

헤드헌팅 프로세스의 진행 순서, 그리고 해당 업체가 타 서치펌과 구체적으로 어떤 차별점이 있는지 살펴보라. 내부 시스템 화면을 보여달라고 요청하고 객관적인 수치로 DB 보유 등을 증명할 수 있는지 살펴보라. 헤드헌팅 회사에서 일하는 컨설턴트가 몇 명인지 확인하고, 실사 조사를 할 수 있다면 반드시 하도록 하라.

실제로 필자의 회사에는 여러 차례 채용 담당자가 실사 방문한 뒤 계약을 체결했다.

헤드헌터가 고객사, 후보자에게 제대로 된 해결책을 줄 수 있으려면 헤드헌터가 일하는 서치펌이 확고한 원칙이 존재하면서 동시에 바름과 정도를 지향하는 곳이어야 한다. 헤드헌터들이 바르게 정도와 원칙을 지키며 합법적으로 성실하게 임하는 분위기의 헤드헌팅 회사를 찾는 것이 중요하다는 의미이다. 기업들은 그런 헤드헌팅 기업을 찾는 것이 핵심 인재 확보의 첫걸음임을 다시 한 번 명심해야 할 것이다.

헤드헌팅 수수료 수준이 고객사의 수준을 좌우한다
- 헤드헌팅 수수료에 대한 고찰

피아노의 건반 모양은 같지만 각기 음이 다르듯, 같은 업무를 하는 회사도 각기 다른 관행과 문화가 있다. 채용을 담당하는 법인의 대표이사나 인사 실무자는 특히 아래 내용을 더 자세히 알고 깊이 공감해야 한다.

통상 대한민국 서치펌, 헤드헌팅 회사의 수수료는 연봉 대비 20%이다. 15% 선인 경우도 있지만 일반적, 평균적으로는 20% 의 수수료 기준에 보증 기간 3개월로 진행한다. 물론 임원급이나 어느 연봉 수준 이상이면 25%나 30%로 뛰는 경우도 있다. 그러므로 기업에서 좋은 인재를 원한다면 최소한 헤드헌팅 관행 수수료인 20%를 미리 염두에 두어야 한다.

좋은 인재를 채용하기를 원한다면, 그만큼 서치펌과 확실한 선 계약을 하고 계약을 준수해야 한다. 계약서에 나오는 서치펌 관행 수수료를 존중하라는 뜻이다. 이러한 정도의 수수료 감당이 안 된다면 헤드헌팅을 사용할 자격이 없는 기업이다. 소득이 부족한데도 명품은 구매하고자 하는 과욕과 다름없는 허황된

욕심에 불과하다.

  헤드헌터는 대부분 근로자 신분이 아니다. 따라서 실적에 의한 수수료 배분 구조에 따른다. 그러므로 고객사와 계약이 체결된 수수료에 따라 일의 의욕과 동기부여 여부가 달라진다. 더구나 협업으로 일하는 경우가 많기에, 수수료율을 보고 동료 헤드헌터와의 협업을 정한다. 15% 미만인 요율이라면 아무리 좋은 인재를 발견해도 헤드헌터 간 협업을 하지 않는다.

  아울러 수수료율이 낮을 경우 유능한 헤드헌터라면 해당 채용 건을 진행하지 않는다. 실적과 실력이 상대적으로 낮은 헤드헌터가 '그런 회사라도 추천을 진행해보자'는 생각으로 맡아서 하게 될 확률이 높다. 이러한 다양한 이유나 논리를 보면, 결국 낮은 수수료에 집착하는 기업은 그만큼 인재 확보가 어렵다. 서치펌 업계에서는 상식이다. 기업이나 기관에서도 이러한 부분을 인지해야 한다.

  이러한 이유로 수수료 15% 미만인 기업은 결코, 우수한 헤드헌터에 의해 좋은 인재를 확보할 수 없다. 설령 한다고 해도 기업이나 헤드헌터나 쌍방이 모두가 고전을 면치 못하고 있을 것이다.

확실한 진행이나 사후관리, 평판에 대한 조회나 연봉협상 능력은 헤드헌터의 기본 능력이다. 이러한 기본 능력이 되는 헤드헌터가 15% 미만 수수료의 기업체를 진행할 리 없기 때문이다. 이는 대부분 서치펌 헤드헌터들이 공감할 내용이다. 이러한 공감과 이해를 기업에서도 함께해야 한다.

헤드헌팅 수수료의 수준은 기업, 즉 고객사의 전체적인 수준이다. 마찬가지로 헤드헌팅 수수료 수준은 서치펌의 수준이기도 하다.

대형 서치펌의 평균 수수료가 20%에서 25% 선이며, 많은 기업의 의뢰를 진행하고 계약한다. 반면 스스로 수준을 낮추는 15% 미만인 경우, 수수료를 덤핑한다 해도 우수한 기업들이 결코 헤드헌팅을 의뢰하지 않는다.

일반 대중이 백화점에 가서 옷을 사려 할 때, 같은 값이면 브랜드 가치가 높은 대기업 제품을 사려는 이유와 같다. 좋은 것을 확보하는 것, 이는 곧 자신의 가치라고 여기기 때문이다.

기업 스스로 진정한 가치에 대해 생각하고 돌아볼 계기가 필요하다. 그저 미래를 보고 인재를 추천하라는 기업은, 미래가 아닌 현재를 먼저 봐야 할 것이다.

The Essence of Headhunter

헤드헌터의 유형은 다양하나 결정하고 판단해야 한다는 점은 공통이다

– 헤드헌터의 직업적 특성과 유형별 분석

헤드헌터는 항상 어떤 상황에서 '순간의 선택'을 해야 한다.

인재를 서칭^{발굴}, 기업에 추천하여 채용에 이르기까지 모든 과정에서 항상 선택을 해야 한다는 의미이다. 선택은 결정을 수반^{隨伴}하고, 이러한 결정은 결과로 이어진다. 후보자와 고객사, 내부 컨설턴트 간 협업 등에 있어서 수많은 결정을 내리는 과정이 따르기 때문이다.

그러므로 헤드헌터라면, 선택에 따라 달라지는 결과를 감수해야 한다. 그리고 항상 한발 앞서, 결과를 예측하는 선택을 해야 한다.

서치펌에서 정한 원칙과 관행이 존재하고 이를 지킨다는 전제하에, 남은 부분은 헤드헌터의 선택이다. 고객사 진행 여부, 후보자 추천 여부를 정하는 등 여러 다양한 선택의 기로가 헤드헌터를 기다리고 있다. 후보자 설득 여부의 선택, 협업 컨설턴트 추천 후보자 처리에 대한 선택 등도 모두 포함된다.

물론 헤드헌팅 과정에서 합법적으로 진행하고 원칙을 준수한다 해도 선택의 답안은 뚜렷이 존재하지 않는다. 만약 그러한 선택의 답안이 존재했다면, 세상의 모든 헤드헌터가 완벽하게 채용을 성사시켰을 것이다.

상황과 환경과 시기 및 관련자들의 성향과 조건 등에 따라, 해야 할 선택은 각기 다르다. 그러므로 지금의 선택이 어떠한 결과를 가져올지 예측하되, 관건은 그러한 몇 수를 내다보는 예측을 대단히 빠르게 해야 한다는 것이다.

헤드헌터는 능력, 지능, 성향, 체력 및 철학이나 가치관 등에 따라 아래와 같이 유형이 분류된다. 성격의 타고난 특성과 측면들을 의미하는 '기질temperament'이라고 표현한다. 아래 그림에 분류한 유형을 참고해보자.

어떤 유형이 더 바람직하고 더 좋다고 특정할 수는 없으나, 현실적으로는 '서칭형 키맨 타입'이 완성형 정점에 가깝다고 할 수 있겠다. 이는 능숙한 고객사 진행과 동시에 탁월한 후보자 서칭 능력이 있는 헤드헌터를 의미하고, 예를 들자면 고객사 마케팅 능력과 고객사 커뮤니케이션 능력, 후보자 서칭 능력을 동시에 보유한 헤드헌터를 의미한다.

헤드헌터의 유형별 분석

아래와 같이 헤드헌터 유형이 분류될 수 있다.

키맨 타입
고객사 마케팅, 계약, 프로젝트 리드에 특화

서칭 타입
후보자 서칭, 발굴 및 대인 현상에 특화

균형 타입
키맨, 서칭 모두에 균형, 특화는 없음

서칭형 키맨 타입
서칭, 키맨 모두에 완전한 강점 보유

키맨형 서칭 타입
키맨 능력 보유한 서칭 특화 헤드헌터

이러한 유형은 '타고난 성향'에 기초하기에 개인의 의지대로 되기란 쉽지 않다. 그러므로 먼저 본인의 헤드헌터로서의 '기질'을 먼저 파악하는 것이 헤드헌터로서의 진로, 즉 커리어 설정의 선행과제인 셈이다.

헤드헌터가 제시하는 자격 조건은 차별이 아니다
- 헤드헌터가 올리는 채용공고와 차별의 정당성

사용자^{기업}는 채용하고자 하는 직무 수행에 불필요한 조건을 제시하거나 요구해서는 안 된다. 이를 '모집, 채용에서의 차별금지'라고 한다. 직무 수행상 필요하지 않은 채용 조건을 부과하는 행위는 '차별'로 인정된다는 것이다. 합리적인 이유 없이 성별 등을 이유로 차별할 수 없고, 이는 균등한 취업 기회를 보장하기 위해서이다.

그러나 모집, 채용은 근로 관계 이전의 사항이므로 근로 조건에 포함되지 않는다. 그러므로 모집, 채용에서의 차별은 근로기준법 위반이 아니다(대판 92다1995, 1992.8.14). 다만 '남녀고용평등과 일·가정 양립 지원에 관한 법률' 위반이 될 수 있다.

법률에는 원칙 바깥의 예외가 존재하듯, 노동관계법령상 차별금지법에서도 예외가 있다. 차별을 정당화하는 '합리적인 이유'가 있다면 차별이 인정되는 부분이다. 그러므로 차별 여부는 '합리적 이유' 존재 여부에 따라 판단된다. 입증은 당사자의 몫이다.

헤드헌터가 웹상에 올리는 채용공고는 이처럼 합리적 이유로 모집, 채용의 차별이 정당화될 수 있다.

사용자^{기업}가 아닌 서치펌 헤드헌터가 웹상에 올리는 채용공고는 앞서 언급한 모집, 채용과 다르다. 채용공고의 게재 당사자, 목적, 용도 등에 대한 상당한 차이가 있기 때문이다.

사용자가 게재한 채용공고는 해당 기업에서 일할 사람^{근로자}을 모집하기 위해서이다. 헤드헌터가 게재한 채용공고는 해당 요건을 충족하는 고급 인재를 서칭하고 선별하기 위해서이다.
사용자가 게재한 채용공고는 기업명이 공개되고, 사용자의 채용 조건을 그대로 보여준다. 헤드헌터가 게재한 채용공고는 기업명 비공개로, 헤드헌터가 찾는 인재상을 보여준다.

한국직업사전에 기술된 헤드헌터에 대한 정의는 아래와 같다.
'기업의 임원이나 기술자 등 고급인력을 필요로 하는 업체에 원하는 인력의 선정에서부터 평가, 알선까지 조사과정을 거쳐 적정인력을 소개한다.'

한국직업사전에 기술된 헤드헌터 수행직무 기술은 아래와 같다.

* 의뢰업체를 방문하여 요구하는 인재의 능력, 성격, 경력, 제시연봉 등을 파악한다.

* 의뢰업체의 비전, 조직구조, 조직문화, 경력경로 등을 파악한다.

* 기존 자료나 인재탐색을 통해 의뢰업체에서 요구하는 인재와 부합하는 인재를 몇 배수 선발한다.

* 대상자와 접촉하여 스카우트 제의를 표시한다.

* 후보 대상자를 대상으로 업무수행 능력과 인성을 중심으로 인터뷰한다.

* 후보자 중 추천할 사람을 선정하여 대상자의 경력, 학력, 인성, 전직 이유, 희망연봉 등을 기술하여 의뢰업체에 송부한다.

* 의뢰업체에서 긍정적인 반응을 보인 후보자와 연봉 등을 협상하고 조정한다.

(한국직업사전, 고용노동부 한국고용정보원 워크넷)

위 정의에 따르면 헤드헌터는 고급인력을 필요로 하는 업체에 인재를 서칭, 추천하는 역할이다. 기업이 직접 찾기 힘든 인재를 헤드헌터가 신속하게 서칭, 검증, 추천해야 하는 일이라는 것이다.

이 과정에서 헤드헌터가 올린 채용공고는 헤드헌터의 서칭을 원활하게 하는 수단일 뿐이다. 즉, 채용공고를 통해 헤드헌터 본

연의 업무인 인재를 서칭하는 수단으로 간주한다는 것이다.

게다가 헤드헌터의 채용 공고문은 클라이언트에 해당하는 기업명이 철저히 비공개로 이루어진다. 클라이언트 정보를 서치펌에서는 영업비밀로 간주하기 때문이다. 그러므로 헤드헌터가 게재한 채용공고를 사용자의 채용공고와 같은 모집공고라고 볼 수 없다.

비유하자면, 제조사의 공식 제품 광고와 중고 사이트의 '새 제품 팝니다'가 다른 사안임과 같다. 위의 경우, 동일 제품이라도 공정위나 소보원에서 바라보는 시각과 법적 효력이 다름과 같다.

혹자는 헤드헌터가 올린 채용공고를 사용자의 채용공고와 같은 효력으로 오해하는 경우가 있다. 이는 법리해석을 간과하여 오판한 것이다.

클라이언트에게 인재를 추천하는 헤드헌터가 게재한 채용공고문은 서칭의 한 수단임을 알아야 한다. 헤드헌터가 게재한 채용공고에 적시된 차별성은 '합리적 이유'로 정당화될 수 있다. 그러므로 헤드헌터가 게재한 채용공고에 명시된 특별한 자격요건은 정당하며 차별과 무관하다.

후보자 면접 코칭이 채용 성공을 좌우한다
- 헤드헌터의 후보자 면접 코칭

헤드헌터의 주된 미션은 바로 인재의 '서칭'과 '검증'이다.

서칭 후 입사 의지, 인성 등 종합적 검증을 마친 후보자를 클라이언트^{기업}에 추천한다. 당연히 최종합격 확정 전까지 후보자의 연락처, 이메일과 같은 정보는 비공개를 유지함이 원칙이다. 헤드헌터는 후보자 이력과 추천사유를 기업에 제공, 기업의 서류전형 결과를 기다린다.

서류전형 후 클라이언트^{이하 기업}가 면접을 진행하기로 했다면 채용 가능성이 높아진 상태이다. 이런 경우 헤드헌터는 후보자에게 해당 기업 면접에 대한 깊이 있는 코칭을 반드시 거쳐야 한다. 헤드헌터의 면접 코칭에 따라서 채용의 성패^{成敗}가 달라지기 때문이다. 후보자에게 헤드헌팅 진행 절차, 주의사항을 교육하고 예상 질문과 답변 방향에 대한 코칭을 해야 한다.

일부 헤드헌터는 후보자 이력 검증에만 신경 쓰고 정작 중요한 면접 코칭은 등한시하는 경우가 있다. 면접에서 나올 수 있는 예상 질문과 답변 방향, 태도 및 고객사 인재상 등을 자세하게 가르쳐야 한다. 물론 후보자 이력에 대한 사실관계 확인 및 인성과 입사 의지 등이 확실한 경우를 전제한다.

면접 코칭은 기업과 직접 커뮤니케이션을 하는 헤드헌터^{이하 키} ^맨가 제공하는 정보에 기반을 둔다. 키맨이 기업 채용 담당자와 미팅까지 하며 몸으로 체감하며 수집한 고급 정보가 있기 때문이다. 이처럼 키맨이 체감한 정보는 후보자 면접 코칭에 실질적 도움이 된다. 그러므로 헤드헌터 내부 협업의 경우, 후보자 서칭 추천인은 키맨을 통하여 정보 조력을 받아야 한다.

면접 코칭에서는 기업이 후보자에게 물어볼 수 있는 예상 질문을 제시할 수 있어야 한다. 후보자가 기존에 퇴사한 사유, 후보자의 포부나 목표, 기업 인재상에 맞는 어필 전략을 조언해야 한다. 면접관 성향 파악은 물론이고 기업 보도자료의 분석 등을 통한 철저한 대비를 시켜야 한다.

일반적으로 시니어급 경력자에게는 면접에서 '간단한 자기소개'를 거치지 않는 편이다. 설령 그렇다고 해도 50초 정도의 간단한 자기소개 멘트를 준비시키는 정도의 준비는 필수로 해야 한다. 후보자 스스로도 면접 전에 경력 중심의 자기소개를 대비하면서 간단한 경력 요약이 되기 때문이다. 설령 그 과정이 실

제 면접에서 생략되더라도, 이에 대한 준비는 득이 되면 득이
되지 결코 실이 되지 않는다.

기업이 후보자에게 보는 것은 직무 적합도와 입사 의지 그리
고 인성이다.

면접에서 인성은 말을 통한 '진실성'을 의미한다. 그러므로
헤드헌터는 사실에 입각한 정직한 호감을 주게끔 시뮬레이션 면
접 코칭을 해야 한다. 이 과정에서 증명 불가능한 부분은 허위
가 될 수 있으니 헤드헌터가 진실을 강요해야 함은 당연하다.

예로 최종 연봉은 원천징수 증명 가능한 사실이어야 하고, 희
망연봉은 후보자 실제 희망이어야 한다. 입증 가능 성과를 말하
게 해야 하며, 수행 가능 능력만을 말하게끔 헤드헌터가 지도해
야 한다. 아울러 기업의 해당 팀에서 추구하는 인재상에 적합하
게 답변을 가다듬어 줄 수 있어야 한다. 기업 홈페이지에 나온
형식적 인재상보다는 현업에서 추구하는 진짜 인재상을 알려줘
야 한다.

헤드헌터가 면접을 앞둔 후보자에게 코칭할 부분은 '일관성'
이다. 기업에 제출된 이력서와 후보자의 말이 일관성을 지녀야
한다. 그러므로 후보자는 면접에서 답변이 어려운 부분은 헤드
헌터 통해 다시 전달하겠다고 해야 한다. 법정에서 변호사를 통

해서 서면으로 제출하겠다는 답과 같다.

후보자의 면접 코칭을 두고 혹자는 사실이 아닌 부분을 말하게 하는 포장으로 오해하는 사람도 있다. 하지만 만약에 이렇게 한다면 이는 조작 내지는 불법행위가 될 수 있음을 명심해야 한다.

헤드헌터의 후보자 면접 코칭은 클라이언트인 기업에 대한 예의이자 신의성실의 원칙 준수와 같다. 그러므로 헤드헌터는 후보자가 면접에서 항상 사실만을 말하게끔 지도해야 한다. 면접 코칭은 후보자가 면접관에게 어필이 되게끔 표현을 고쳐주는 정도의 코칭을 해야 한다.

서류전형에서 좋은 점수를 받은 후보자가 면접에서 낙방하는 것은 헤드헌터 코칭에 문제가 있어서이다. 이는 정치인이 아무리 뛰어난 스펙을 보유했더라도 대선 토론이나 연설을 망치고 낙선하는 것과 같다. 전문가의 제대로 된 코칭을 못 받고 감정대로 정화되지 않은 표현을 하다가 패망한 것이다.

요즈음 기업은 헤드헌팅을 통한 면접에서 헤드헌터를 만나봤는지를 묻는 경우가 많다. 헤드헌터로부터 무슨 이야기를 들었는지 면접 시작부터 묻기도 한다. 면접이 정해지면 반드시 후보자에게 확실한 면접 코칭까지 완벽하게 하길 바란다. 적어도

헤드헌터가 인재 서칭과 이력서 메이크업 등에 쓴 시간과 노력
을 헛되게 하지 않으려면 말이다.

채용확약서는 모두를 위한 약속 증서이다
- 채용확약서 작성의 중요성

헤드헌터는 합격한 후보자에게 반드시 채용확약서를 받아야한다.

채용확약서란 후보자의 입사 철회가 기업에 손실과 지장을 줄 수 있음을 인지시키는 확약서이다. 물론 이는 서치펌, 기업의 계약서에 나오는 보증기간에 한하여 적용한다.

'확약確約'이란 '확실하게 약속함'을 의미한다. 채용확약서란 서치펌-후보자의 '특약特約'이며 특약의 의미는 '특별한 조건을 붙인 약속'이다. 그러므로 채용확약서란 '특별한 조건에 대해서 확실하게 약속한 서약서'이다.

헤드헌팅 입사자가 퇴사한다면 서치펌, 기업 모두에게 피해를 줄 수 있음을 인지시켜야 한다. 이는 곧 서치펌과 기업이 체결한 계약에 있어서 보증기간 내의 입사철회 행위를 의미한다. 물론 기업고객사의 귀책사유가 있다면 후보자, 서치펌의 책임은 없다.

채용확약서 작성을 거부하는 후보자는 반드시 보증기간 이내 퇴사할 확률이 높다. 이미 다른 진행하는 곳이 있거나, 아예 퇴사할 생각으로 입사부터 하는 경우일 가능성이 크다.

후보자의 보증기간 내 입사철회로 피해를 입은 서치펌의 손을 들어준 대법원의 판례가 존재한다. 대법원 판례^{2009다37886}이며, 아래에 판결문 일부를 요약한다.

K사^{서치펌}는 입사 철회자 L씨^{후보자}를 상대로 1,300만원의 손해배상 청구 소송을 제기하였다. 이 소송의 1심은 L씨의 K사에 대한 손해배상책임을 인정하여 서치펌이 승소하였다.

그러나 2심은 의견을 달리했다.

2심은 '피고^{L씨}가 지원의사를 철회한 후에 원고 회사가 K사에 대체인원을 새로 추천했다는 점에 대한 주장에 대해 입증이 없는 한 수수료 상당의 손해가 발생했다고 볼 수 없다'고 하였다. 그래서 K사에게 패소 판결을 한 것이다.

그러나 대법원은 이런 2심 판결을 뒤집고 서치펌에 대한 손해배상책임을 인정하였다. 대법원은 입사를 철회한 L씨^{후보자}가 K사^{서치펌}에 손해배상을 해야 한다는 것이다. 대법원은 2심을 파기, 후보자가 서치펌에 손해배상을 해야 한다며 서치펌의 손을 들어주었다.

대법원은 '원고^{K사}가 대체인원을 추천하더라도 고객사가 반드시 채용한다는 보장이 없으므로 원고^{K사}가 대체인원을 추천하지 않았다는 사정만으로는 원고에게 수수료 상당의 손해가 발생하지 않았다고 할 수 없다'고 하면서 '원고가 대체인원을 추천하지 않았다는 사정은 손해배상액을 정함에 있어 참작할 여러 사정 중 하나에 지나지 않는다'라고 했다.

위 대법원 판결은 신의성실의 원칙에 따라 후보자의 행위로 인한 서치펌 피해를 인정한 판례이다.

대한민국에서 이직의 자유는 존재한다. 그러나 이는 타인에게 피해를 주지 않을 때에만 인정할 수 있다.

헤드헌팅 입사 후 보증기간 내의 퇴사는 서치펌과 기업에 피해를 줄 수 있기에 신의칙 위반이다. 후보자는 자신의 입사 철회로 인하여 겪는 서치펌의 피해와 손해를 고려해야 한다는 말이다. 그러므로 후보자는 서치펌의 노력과 고객사 관계 등을 고려하여 입사를 신중하게 결정해야 한다.

헤드헌터는 정보 보호에 철저해야 한다
- 헤드헌터와 영업비밀, 인성과 불법행위

'헤드헌터 개인이 수집한 정보도 소속 회사인 서치펌의 영업비밀로 인정한다.'

이는 이미 법원 판결로 나온 내용, 뉴스 기사에도 나온 내용이다.

영업비밀에 해당하는 후보자와 고객사 관련 정보는 보호받아야 할 정보 자산이다. 이를 위반하면 민, 형사상 책임을 져야 한다.

자신이 몸담고 있는 서치펌이 영업비밀 누설 등과 같은 헤드헌터의 불법행위가 발생하지 않게끔 최선을 다하고 있는 곳인지 살펴보길 바란다.

영업비밀 보호를 위한 노력을 인정하여 이력 등록, 채용 의뢰를 하는 후보자, 기업이 많듯, 이러한 서치펌의 노력은 기업의 신뢰와 후보자의 믿음으로 이어지는 밑거름이 된다.

그러므로 헤드헌팅 회사에서 얼마나 엄중히 영업비밀 보호를 위한 노력을 하는지 살펴봐야 한다. 누구든지 부정한 이익을 얻거나 영업비밀 보유자에게 손해를 입힐 목적으로 그 영업비밀을 취득, 사용하거나 제삼자에게 누설해서는 안 된다. 부정경쟁방지 및 영업비밀보호에 관한 법률^{영업비밀누설 등}, 업무상 배임죄로 형사처분을 받을 수 있고, 손해배상까지 해야 한다.

헤드헌터라면 누구나 새겨들어야 할 내용이다.

일부 몰지각한 헤드헌터는 서치펌 이직을 하며 불법행위를 저지를 수 있기 때문이다. 헤드헌터가 수집한 고객사나 구직자 정보는 서치펌의 영업비밀이라는 판결이 있다. 서치펌에서 획득한 모든 정보는 철저히 영업비밀로 인정한다는 의미이다.

즉, 헤드헌터가 서치펌에서 일하면서 획득한 정보, 고객사 정보나 고객사에서 진행하는 채용 정보, 서치펌에서 알게 된 후보자 이력 정보 모두 서치펌의 영업비밀이다. 이를 누설하면 부정경쟁방지 및 영업비밀보호에 관한 법률^{영업비밀누설 등}위반이 된다. 불법행위를 통하여 수익을 편취하고자 하는 행위를 하면 업무상 배임죄가 성립한다.

대법원은 배임에 대해서 '신의칙상 당연히 할 것으로 기대되는 행위를 하지 않거나 당연히 하지 않아야 할 것으로 기대되는 행위를 함으로써 본인과 사이의 신임관계를 저버리는 일체의 행위를 포함한다'라고 했다.

'배신背信'이라는 단어가 있다.

믿음이나 의리를 저버림을 의미한다.

'배임背任'의 '배'는 배신이나 배반을 의미하는 단어이다.

그러므로 업무상 배임죄는 배신이나 배반에 기초한 형사범죄이다. 신의성실의 원칙이라고 하여 당연히 할 것으로 기대되는 행위를 하지 않거나, 당연히 하지 않아야 할 것으로 기대되는 행위를 함으로써 발생하는 손해에 따라 적용된다. 영업비밀을 뒤로 빼돌리는 행위와 같은 프리랜서 간의 권익 침해에 이르는 행위는 상당히 악랄한 범죄이다. 매우 엄중히 다스려야 할 범죄이다.

특히 프리랜서 헤드헌터는 범죄에 해당하는 '업무상 배임죄'를 저지르지 말아야 한다. 일부 지식이 없는 자는 업무상 배임이 근로자에게 해당하는 범죄로 아는데 프리랜서, 사업가, 정치인, 공무원 등 무관하게 적용된다. 업무상배임죄의 본질은 타인과의 신뢰 관계를 배반한다는 점에서 횡령죄와 공통점을 갖는다.

'인성人性'이란 '사람의 성품 혹은 개인이 가지는 사고와 태도 및 행동 특성'을 의미한다.

인성은 사실 지능에서 온다. 위에 언급한 범죄나 불법행위를 저지르는 헤드헌터는 인성과 지능이 매우 부족한 사람이다. 불법의 피해와 해악조차 모르고, 어떻게 해서라도 빠져나가려고 하며 오히려 보복하고자 한다.

헤드헌터는 소명의식과 바름을 지향해야 한다. 따라서 이런 자라면 절대로 헤드헌터를 해서는 안 된다.

타인의 권익을 해치고 불법 행위를 하는 자는 업계의 공익을 위해, 확고히 그 대가를 치르게 하자. 선의의 피해자가 없도록 모두가 합심해야 한다. 그것이 우리가 살길이고 나아가야 할 길이다. 사회 전체의 공익을 위한 노력이다. 헤드헌터들이 존경받고 더욱 큰 가치와 영향력을 지니게 될 수 있는 지름길이다.

헤드헌터의 실적은 통화량에서 나온다

- 헤드헌터 전화통화의 중요성

헤드헌터의 실적은 통화량과 비례한다.

단순히 통화 횟수나 통화 시간을 의미하는 단편적 정의의 통화량이 아니다. 그저 정해진 지침대로 고객 통화를 하는 텔레마케터 통화 방식을 말하는 것이 아니라는 것이다.

TM은 보통, 하루 종일 수차례 유사한 통화로 고객 상대를 하는 전화통화를 한다. 반면 헤드헌터는 정보의 수집, 분석, 배포, (재)생산을 한다. 수집된 자료, 첩보를 정보소비자에게 적합하게 평가, 해석하여 묘사, 설명과 결론을 도출한다.

이 과정이 헤드헌터로서 가장 기본적인, 일차적 실무행위이다. 이를 등한시하고 후보자, 기업에 단지 문자 메시지, 메일만 보낸다면?

제대로 된 성과 도출은 불가능하다.

무능력한 헤드헌터의 특징은 사무실에서 인터넷 서핑만 하는 사람이다.

대화는커녕, 독서실 수험생의 자세로 PC 모니터의 화면만 본다. 타인의 통화나 대화가 자신의 업무에 '방해'된다는 비상식적인 주장을 하기도 한다. 문자 메시지^{혹은 다른 SNS 수단}를 주로 하거나 가끔 용기를 내어 메일링을 하곤 한다.

저런 헤드헌터라면 그 어떤 환경에서도 절대로 좋은 성과를 거둘 수 없다.

헤드헌터가 전화통화를 많이 한다는 것은 어떠한 의도로 특정한 행위를 하고 있다는 것이다. 어떠한 의도를 가지고 특정한 행위를 하는 것을 우리는 '노력努力'이라고 한다. 노력의 사전적 정의는 '목적을 이루기 위하여 몸과 마음을 다하여 애를 씀'이다.

시행착오가 있을지언정 헤드헌터는 최대한 많은 전화통화를 하면서 부단한 '努力'을 해야 한다. 물론 이는 단지 전화통화만을 하라는 것을 의미하는 것이 아니다. 전화통화로 시작된 노력이 정보 수집, 미팅, 계약 및 소개 등으로 이어질 수 있다는 것이다.

헤드헌터의 실적은 통화량과 비례한다는 사실을 명심하라.

물리학에 나오는 '운동의 제2법칙'에 비유할 수 있다. $f = ma$라는 '가속도의 법칙'에 따르면 물체에 힘이 작용할 때 가속도의 방향이 존재한다. 이는 힘의 방향과 같으며, 그 크기는 힘의 크기에 비례하고 물체 질량에 반비례한다. '그 크기는 힘의 크기에 비례하고'라고 했다. 바로 그 힘이 헤드헌터의 통화량이다.

기업과 후보자 모두 사회적 책임을 생각하라
– CSR과 후보자의 사회적 책임

헤드헌터가 주인공인 한 영화에서 최종합격 소식을 듣고 기뻐하는 후보자의 모습이 나온다. 헤드헌터라면, 합격 당시 느낀 기쁨과 다짐을 되새기며 초심을 유지하길 바란다. 아울러 이러한 결과를 위하여 불철주야 노력을 아끼지 않는 헤드헌터들에게 찬사를 보낸다.

'기업의 사회적 책임'이라는 용어가 있다. 줄여서 CSR이라고 한다. 풀어 쓰면 'Corporate Social Responsibility'이다.

기업의 사회적 책임은 '기업과 관련된 이해 당사자들의 관심사를 중요하게 고려하고 다룸으로써 사회에서 기업 활동의 정당성을 유지하는 하나의 방식이며 기업 운영의 목표'라고 학자들은 정의하고 있다.

위 정의에 따르면 기업의 사회적 책임은 거창하지 않다. 제대로, 원칙대로, 합법적으로, 투명하게 그리고 '신의성실'이라는 자세로 일하자는 것이다. 성탄절만 되면 기부행사를 하고, 양로원에 가서 기념사진을 촬영하는 것이 아니라는 것이다.

위 논리에 따르면 채용 번복을 하지 않는 것, 부당 해고를 지양하는 것 모두 CSR의 범주이다.

필자는 또 다른 CSR를 정의하고자 한다. 바로 '후보자의 사회적 책임'이다. 풀어 쓰면 'Candidate Social Responsibility'이다.

입사 확정 후 번복, 면접에 예고 없이 불참, 헤드헌터에게 손해를 끼치는 행위가 그 예이다. 합격 후 입사한 후보자가 예고 없이 며칠 후 퇴사, 조건이 좋은 기업으로 이직한 경우가 있다. 이러한 경우는 후보자가 기업을 부당하게 대한 행위로 볼 수 있다.

기업이 책임을 다하라고 주장하기 전에 구직자, 후보자들은 과연 CSR을 다하는지 반성해야 한다. 적어도 가족과 함께 기쁨을 나누었던 합격의 순간을 기억한다면 말이다.

기업과 후보자 모두에게 '사회적 책임'이 절실하게 필요한 시대이다.

기업과 후보자 모두가 사회적 책임을 다할 때, 헤드헌터는 직업적 소명의식을 지닐 수 있다.

이력서 접수 상태는 입사 의지를 상징한다
– 후보자 이력서 접수 상태의 정의

헤드헌터가 다루는 후보자 '이력'은 서치펌 영업비밀 중 하나이다.

이러한 정보는 정보의 재가공을 통해 고객사 제출용 이력서로 클라이언트에게 최종 제공된다. 물론 서치펌에서 후보자가 적합하다고 판단한 경우다. 위 과정에서 '이력서 접수'라는 상태가 있는데, 헤드헌터는 이를 정확하게 인지해야 한다.

헤드헌터는 적합하다고 판단하는 후보자에게 헤드헌팅을 제안, 후보자로부터 이력서를 받는다. 후보자의 이력서와 입사의지가 공존하면 이를 헤드헌팅 관행에서 '이력서 접수' 상태라고 한다. 후보자 교신交信 과정에서 헤드헌팅 제안컨택 이후의 단계가 '이력서 접수'라는 의미이다.

'접수接受'는 '돈이나 물건 따위를 받았다'는 의미로, 상대의 의지가 포함된 것이다. 그러므로 이력서 접수 상태는 헤드헌팅으로 추천받고자 하는 후보자의 확실한 의지가 전제된다.

이때의 후보자 의지라는 것은 후보자의 단순한 구직이나 취업, 이직 의사가 아니다. 헤드헌터가 제안하는 특정 고객사의 특정 프로젝트에 추천해달라는 확실한 의사표시인 것이다.

프로젝트에 대한 후보자의 지원 의사가 없는데도 '이력서 접수'라고 한다면 잘못된 것이다. 식당에서 '먹을 것 주세요'라는 말하는 것과 특정 메뉴를 지정하며 주문하는 것이 천지 차이임과 같다.

정리하자면, 이력서 접수는 후보자 입사 의지와 이력서 ^{Rough} ^{Resume}가 동시에 있는 상태이다. 후보자가 서치펌에 제출한 이력서라면 과거 이력서도 일단 무관하다. 헤드헌터가 해당 후보자를 고객사에 추천여부를 정하는 심사 단계가 있기 때문이다. 게다가 어차피 고객사 제출용 이력서를 만들고자 후보자의 최신 이력을 확보할 테니 말이다.
이러한 정보의 재가공 단계가 있기에 이력서 접수 상태에서는 러프한 이력서도 용인하는 것이다.

물론, 헤드헌터 간 협업에 있어서 최신 이력을 업데이트할 것이라고 부연 설명해야 한다. 즉, 이력서 접수 이후 반드시 최신 이력을 키맨에게 전달해야 한다.

일반적으로 10년 이상 된 대형 서치펌의 경우, 내부 시스템으로 확고하게 운영되는 곳이 있다. 서치펌 내부 시스템에 이력서가 존재, 동시에 후보자 입사 의지가 있다면 이력서 접수 상태이다. 즉, 이력서 접수는 서치펌에 등록된 이력서와 후보자 지원의지가 융합된 상태를 뜻한다.

이때 특히 주의할 점은 이력서 출처의 '진정성'이다.

헤드헌터가 잡포탈에서 후보자 이력을 복사하여 워드에 붙여 넣은 것은 관행상 이력서가 아니다. 이렇게 만든 이력서를 후보자로부터 받은 이력서라고 한다면 헤드헌터의 불량행위에 해당한다.

이력서 접수 상태의 전제는, 후보자가 서치펌헤드헌터에 제출한 증명 가능한 이력서이다. 단지 과거 이력서Rough Resume라 해도, 이력서 접수 상태의 요건을 충족한다.

평판조회는 구체적이고 제대로 된 검증이어야 한다
- 헤드헌팅 평판조회의 의미와 주의사항

이력서의 사진이나 후보자가 직접 쓴 내용만으로는 그가 과거에 어떤 문제가 있었는지, 어떻게 생활했는지 알아보기 어렵다.

함께 했던 사람들로부터 정보를 얻어야 한다. 이른 바 평판조회다.

헤드헌팅을 진행하면서 평판조회라는 단어를 많이 듣게 될 것이다. 매우 조심해야 할 부분이다. 반드시 후보자 동의하에 평판을 조회해야 한다. 동의하지 않고 조회하면 불법이 될 수 있다.

고객사에서 후보자 평판을 알아봐달라고 하는 경우 신중하게 법적인 부분까지 고려해야 한다. 후보자의 동의가 없는 평판 조회는 해서는 안 된다. 고객사에 이런 부분을 잘 설명해야 한다.

물론 어디까지나 비즈니스에서의 이야기이다. 고소인, 피고소인 관계에서 상대방의 과거 유사 범행을 발견할 경우 그 조사는 타당하고 정당하다. 정당한 권리 행사를 위하여 행하는 조사이기 때문이고 수사기관이 알아야 할 사안이기 때문이다. 그러나 기업에서 의뢰하는 평판 조회는 채용을 목적으로 한 것이므로 후보자 동의가 필요하다.

　헤드헌팅 기업에 헤드헌팅 진행과 평판조회까지 함께 의뢰하는 경우가 많이 있다. 매우 양심적이고 소명의식으로 무장된 헤드헌터가 아니고서는 '형식적인' 평판조회를 진행한다. 후보자가 지정한 사람들로부터 후보자에 대한 평을 듣는 것이다.

　그러면 형식적인 멘트가 나오는 것은 당연하다. 한마디로 '짜고 치는 고스톱'이다. 이처럼 형식적인 평판조회는 서로 시간낭비이다.

　그렇다고 기업에서 평판조회만 전문적으로 하는 곳에 의뢰를 하지는 않는다. 비용도 높을뿐더러 그렇게까지 해서 애써 진행한 후보자를 불합격시키기 싫은 것이다.

　그렇다면 어떻게 해야 효과적으로, 제대로 된 평판조회를 진행할 수 있을까?

　헤드헌터가 이를 제시할 수 있어야 한다. 이 답은 헤드헌터가 줘야 한다는 의미이다. 그래서 지능이 좋고 할 말은 제대로 할 줄 아는 헤드헌터가 인정받는 것이다.

　제대로 평판조회를 하려면 기업에서 미션을 구체적으로 주게끔 유도하라. 예를 들면 이런 식의 질문과 요구가 유용하다.

'이력서에 '한국 대학교 석사'라고 나오는데 논문 자료를 볼 수 있나?'

'첫 번째 직장에서 당시 인사 담당자의 이름과 연락처, 메일 주소를 알려달라. 직접 조회하겠다.'

'마지막 직장에서의 1년치 연봉에 대한 원천징수증명을 받고 싶다.'

'마지막 직장에서 함께 일했던 팀장에게 후보자에 대한 평가를 직접 받아 달라.'

누군가가 어떤지 알아봐달라는 뜬구름 잡는 평판조회는 실효성이 없다.

후보자가 해당 기업과 직무에 맞는지 '현재'를 파악하는 과정이 서류전형과 면접전형이다. 평판조회는 '과거'를 파악하는 과정이다.

과거를 제대로 파악하려면 확인과 검증이 구체적으로 가능한 '진짜' 조회를 추구하자.

헤드헌팅에서 다섯 가지를 주의하라

– 헤드헌팅에서의 금지사항

* 계약된 고객사에 현재 재직하고 있는 후보자를 다른 포지션에 추천을 하지 말라.

정도와 원칙을 지켜야 한다. 저런 식으로 하여 돈을 번들 반드시 망한다.

* 서치펌 내부 원칙을 철저하게 준수하라.

이는 기본이자 기초이다. 내부 규정조차 안 지키면서 'HR전문가' 내지는 '컨설턴트'라 자처하는 것 자체가 모순이다.

* 계약을 등한시하는 헤드헌터는 금물이다.

이런 헤드헌터라면 서치펌도 주변도 자신과 함께 망하게 만든다. 수수료, 보증기간, 입금일 등을 정하는 계약은 기본이다. 반드시 계약하고 진행하라.

* 후보자 이력서 검증에 완벽함을 도모하라.

이력 허위기재는 결국 헤드헌터 책임이다. 글자와 단어 그리고 숫자와 기간은 물론 이력서상의 모든 것의 완벽한 검증을 추구하라.

   * 말을 많이 하지 마라. 말로 망한다.

말을 많이 할수록 망한다고 여기면 된다. '역사'와 '통계' 두 가지로 이미 증명된 사실이다. 글은 많이 써도 말은 무조건 줄여라.

후보자 임의 채용은 불법이자 불신 조장이다
- 기업의 임의 채용 문제

헤드헌터가 추천한 인재를 기업이 임의로 채용한다면?

이는 명백한 불법행위에 해당한다. '임의(任意)'란 '일정한 기준이나 원칙 없이 하고 싶은 대로 함'을 뜻한다.

고객사인 기업이 서치펌 헤드헌터에게 지켜야 할 신의성실의 원칙에 대해서 살펴보자.

민법 제2조는 '권리의 행사와 의무의 이행은 신의에 좇아 성실히 이행하여야 한다.'라고 규정하고 있다. 권리의무의 양 당사자는 권리를 행사하거나 의무를 이행함에 있어서 신의와 성실로써 행동해야 한다는 민법상의 대 원칙이다. 상대방의 정당한 이익을 고려하고 상대방의 신뢰를 저버리지 않도록 행동해야 하며, 형평에 어긋나지 않아야 한다는 것이다.

대법원 판례에 의하면 '신의성실 원칙이나 금반언(모순행위금지)의 원칙이 적용되기 위해서는, 어떠한 사람의 행위가 그의 선행하는 행위에 모순되는 것이어서 그러한 후행행위에 원래대로의 법적 효과를 부여하면 그 선행행위로 말미암아 야기된 다른 사람

의 신뢰를 부당하게 침해하게 되는 경우여야 하고, 이를 위해서
는 객관적으로 모순되는 선행행위와 후행행위가 있고 그에 대하
여 책임을 물을 수 있어야 하고, 선행행위로 인하여 야기된 상
대방의 보호받을 가치가 있는 신뢰가 존재하여야 할 것이다'라
고 한다.

헤드헌터가 기업^{고객사}에 추천한 후보자를 기업이 임의로 채용
한 경우, 위 판례에 비추어보면 고객사와 서치펌은 상호 동의하
고 계약을 체결했음에도 기업이 이를 준수하지 않았다는 의미
이다.

이러한 고객사의 행위는 계약 불이행^{선행행위}으로 말미암아 야
기된 다른 사람^{헤드헌터들}의 신뢰, 권익을 부당하게 침해하는 상황
에 해당한다.

헤드헌팅 회사는 채용을 의뢰하는 기업에 인재의 추천과 서
칭에 시간을 투자하여 후보자를 찾고 기업을 소개하며 이력서를
가공하여 고객사인 기업에 제시하는 노력을 한다.

계약이란 갑을관계를 정한 통보가 아닌, 계약 당사자 쌍방이
서로 지켜야 할 의무와 권리를 서로 동의하고 규정한 법적 효력

이 존재하는 문서이다. 그러므로 서치펌은 기업에 추천한 후보자가 다른 경로를 통하여 해당 기업에 입사한 것에 대한 수수료를 청구할 정당한 권리가 있다.

서치펌으로부터 추천받은 후보자를 임의로 채용한 기업에서 서치펌에 수수료 지급을 하지 않겠다고 기업이 비상식적인 주장을 한다면, '기업이 헤드헌터로부터 추천받은 인력을 임의로 채용해도 헤드헌터가 수수료를 받을 법적 근거가 없다'는 주장과 같다. 서치펌과 기업이 동의하여 체결한 계약에 정면으로 배치함은 물론, 직업적 소명의식을 가지고 기업에 인재 추천을 하는 헤드헌터의 신뢰를 저버리는 행위이다.

헤드헌터로부터 추천받은 후보자를 임의로 채용한 기업은 서치펌에 수수료 지급을 해야 한다.

기업이 마음만 먹으면 헤드헌터를 통하여 추천받은 인력을 임의로 채용할 수 있다는 불안감은 채용시장에서 서치펌, 기업, 후보자 간의 상호 불신으로 이어진다. 나아가, 후보자 임의 채용은 사회통념상 허용할 수 없는 권익침해에 해당함을 알아야 한다.

갑의 위치에 있는 기업은 헤드헌팅 회사와 정한 계약의 원칙과 약속을 신의칙에 따라 존중하고 지키는 계기가 되어야 한다.

헤드헌터 역시 후보자와 기업에 그들이 신뢰하여 원칙을 잘 지킬 수 있도록, 사명감을 가지고 책임을 다하는 모습을 보여야 한다.

진실 고지는 헤드헌터의 의무이다
– 헤드헌터의 진실고지 의무

헤드헌팅은 고난이도의 종합예술이다. 높은 지능과 상당한 준법성을 요구하는 일이다. 헤드헌팅을 단순히 영업으로 착각, 말로 어떻게 해보려는 부류는 절대 성공할 수 없다. 법–비즈니스–산업 분야–관행, 이 네 가지의 메커니즘을 한눈에 볼 수 있는 매의 눈이 필요하다. 아울러, 헤드헌팅은 철저한 준법정신과 윤리의식 및 높은 지적 수준을 필요로 한다.

이러한 기반이 안 되면 롱런을 못하고 이상한 모습으로 쇠락하는 경우가 비일비재하다. 결국 사람들과 환경, 조직을 탓하며 이동한들 결국 어디에서든 이상한 결말을 맞이하기 마련이다.

완벽한 후보자 진행을 위해 진실고지 의무의 중요성을 알리고자 한다.

진실고지 의무란 대한민국 법률에 언급된 신의칙상 부수적 의무이다. 이는 후보자가 자신의 수준에 대해서 진실되게 기업에 고지할 의무를 의미한다.

기업, 즉 고객사의 채용을 진행하는 서치펌 헤드헌터도 포함할 수 있다.

적극 의무가 아니라서 기업의 질문과 조회에 진실되게 답할 의무를 의미한다. 진실 고지 의무를 다하지 못하면 채용을 취소할 수 있다. 이는 민법 제109조, 민법 제110조에도 나온다.

그러나 이는 미래, 즉 장래에 대해서만 효력을 가진다. 즉, 진실고지를 안 했다고 그 자체로 해고는 안 된다는 것이다. 업무상 능력에 못 미치는 경우 진실고지를 하지 않았다면 해고가 타당하다. 이는 고객사 귀책 사유가 귀책이 아닌 후보자 귀책 사유가 된다.

반대로 기업이 진실고지를 하지 않았을 경우 서치펌^{혹은 후보자}은 이의제기를 할 수 있다. 사회통념상 충분히 이해할 수 있는 원리이다.

그러므로 후보자, 고객사 모두 서로에게 진실만을 알려야 한다. 헤드헌터는 후보자, 고객사 사이에서 진실고지 의무가 제대로 이행되게끔, 최선을 다해야 한다.

헤드헌팅에서 필수로 알아야 할 법이 있다
- 부정경쟁방지 및 영업비밀보호에 관한 법률

헤드헌팅을 하면서 반드시 알아야 할 법이 있다.

바로 '부정경쟁방지 및 영업비밀보호에 관한 법률'이다.

타인의 영업비밀을 침해하는 행위를 방지하기 위해 만들어진 법이다. 이 법은 불법을 하는 헤드헌터에게 가차 없이 칼을 들이대는 매우 무서운 법이다.

헤드헌터가 주로 하는 불법 행위는 크게 세 가지이다.

1. 고객사와 '계약'한 내용을 지키지 않는 행위
2. 헤드헌팅 회사의 자료를 뒤로 '빼돌리는' 행위
3. 후보자에게 채용을 대가로 금전^{수수료}을 받는 행위

이 중 2항이 '부정경쟁방지 및 영업비밀보호에 관한 법률' 위반에 해당한다. 이는 헤드헌터가 이직시 서치펌에 있는 자료나 정보를 갖고 나와서는 안 된다는 것이다. 민사가 아닌 형사에 대한 부분이라 더욱 무서운 법이다.

위 내용과 관련하여 아래와 같은 법원 판결, 즉 최근 판례가 있다.

'헤드헌터가 수집한 구직자 정보도 소속 회사 영업비밀'이라는 판결이다.

일부 몰지각한 헤드헌터는 '내가 수집한 정보인데 누가 무슨 상관이냐?'라고 반문한다. 상당히 무지한 개념에서 나오는 어리석은 발상이다.

서치펌 소속 헤드헌터로 있는 한 헤드헌터가 접하는 모든 정보와 자료는 개인의 자료가 아니다. 판례가 그렇고 법이 그렇다. 지켜야 마땅하다.

서치펌 시장에는 법적 지식은 물론 개념까지 없이 서치펌 경력만 많은 헤드헌터들이 존재한다. 법과 원칙도 모르고 유목민처럼 여기저기 떠돌아다니며 집시처럼 생활하는 헤드헌터들이다. 이런 이들이 꼭 서치펌 시장의 물을 흐리고 수수료 덤핑이나 하고 원칙을 어긴다.

어긴 원칙이 선례가 되면 고객사, 즉 기업에서는 이런 말들을 하게 된다.

"다른 헤드헌터와 달리 왜 그렇게 법, 계약을 따지세요? 해달라는 대로 다 해주던데요."

이런 저질 헤드헌터 때문에 서치펌 시장의 수준이 저하된다. 이런 원칙을 안 지키고 시장의 물을 흐리는 헤드헌터들이 꼭 서치펌에서 문제를 일으킨다. 서치펌 내부 규정 위반은 물론 업무

외적인 부분에 관심이 많고 말이 많기에 꼭 사고를 친다. 이직 시 서치펌 소속 동료들의 자료를 빼돌리고 이직하는 곳에 입금 되도록 하는 불법을 자행한다.

이런 불법행위를 하는 사람으로부터 자료와 정보를 지키고자 존재하는 법이 바로 '부정경쟁방지 및 영업비밀보호에 관한 법률'이다.

헤드헌터로서 꼭 알아야 할 법률이다. 반드시 공부해두길 바란다.

법원, 헤드헌팅 회사의 정보를 '영업비밀로 인정'하여 정보 빼돌린 헤드헌터에게 유죄 판결

서치펌(헤드헌팅 회사)에서 근무하는 헤드헌터가 헤드헌팅 회사에서 다루는 정보를 외부로 빼돌린 경우 부정경쟁방지 및 영업비밀보호에 관한 법률(영업비밀누설)과 배임죄로 처벌할 수 있다는 판결이 나왔다. 이는 헤드헌팅 회사에서 취급하는 모든 정보는 영업비밀로 인정되기에 자료 유출시 부정경쟁방지 및 영업비밀보호에 관한 법률 위반에 해당된다는 것이다.

서울남부지방법원 형사10단독. 정욱도 판사는 헤드헌터(직원)가 헤드헌팅 회사의 내부 정보를 유출한 혐의로 형사 기소된 사건에서 부정경쟁방지 및 영업비밀보호에 관한 법률(영업비밀누설) 위반죄에 해당한다고 판단하여 유죄 판결을 선고했다. 추가적으로 헤드헌팅 회사의 사규와 원칙에 의하여 보호되는 회사의 자산인 고객사와 후보자에 대한 정보를 빼돌린 점에 대해 업무상배임죄까지 적용되었다.

법원은 "피해회사인 헤드헌팅 회사가 내부에서 취급하는 정보는 정보를 수집하고 정리하는데 많은 시간과 노력을 투입하고 헤드헌팅 회사의 합리적인 노력에 의하여 비밀로 유지하였던 사실을 인정한다."고 하였고 '후보자의 인적사항 및 입사지원서, 고객사의 채용정보 등을 관리하는 것은 피해회사의 사무에 해당하는 것으로 판단한다.'고 판시하며 피고인에 대한 판결에서 유죄를 선고하였다.

이러한 판결은 헤드헌팅 회사에서 취급하는 고객사와 후보자 등에 대한 내부 정보가 모두 '영업비밀'로 인정되며, 이를 외부로 유출하거나 가져간 것은 회사에 재산상 손실을 입힌 불법행위에 해당한다는 것으로 헤드헌팅 업계에서 헤드헌터들의 불법적인 자료 유출 행위를 방지하는데 근거가 되는 판례가 될 것으로 보인다.

피고인은 A헤드헌팅 회사에서 근무하다 2015년 서치펌 내부 정보를 빼돌리고 경쟁업체로 몰래 이직하면서 부정경쟁방지 및 영업비밀보호에 관한 법률 위반과 업무상 배임 혐의 등으로 형사 기소되었다. 피고인은 헤드헌팅 회사에서 다루는 정보는 영업비밀이 아니라는 항변을 하며 자신의 죄를 인정하지 않았으나 법원은 헤드헌팅 회사에서 취급하는 정보는 영업비밀에 해당함을 인정하여 피고인에게 유죄를 선고하였다.

출처: 연합뉴스, http://www.yonhapnews.co.kr/bulletin/2017/01/20/0200000000A
KR20170120150000004.HTML?input=1195m

The Essence of Headhunter

헤드헌팅 회사는 직원들만 열람과 사용할 수 있는 헤드헌팅 관련 정보를 수집하고 정리하는데 많은 시간과 노력, 비용을 투입한다. 그 자체만으로도 헤드헌팅 회사에서 보유한 정보와 자료는 매우 높은 가치를 지닌다.

특히 헤드헌팅 회사의 정보와 자료는 내부 직원들의 소중한 '공유 자산'이자 사규와 법에 따라 보호되는 헤드헌터들 모두의 '공유 정보'이다. 이를 불법으로 유출하여 처벌받은 위 판결은 합리적이고 상식에 부합하는 것이다.

헤드헌터는 누구의 편에 서야 하는가?
- 기업과 후보자 사이, 헤드헌터의 선택과 기준

헤드헌터는 과연 기업과 개인^{후보자} 둘 중 누구의 편일까? 많은 이들이 궁금해하는 문제다. 헤드헌팅 관련 일을 하는 사람 혹은 헤드헌터와 일했던 사람이라면 이 문제를 한 번쯤 생각해 보았을 것이다. 어쩌면 현직 헤드헌터도 위 사안에 대하여 고민하고 있을 수 있다.

'편便'이라는 단어는 '여러 패로 나누었을 때 그 하나하나의 쪽'이라는 뜻으로, 방향을 포함한다. 헤드헌팅이라는 본질은 같아도 어느 '편'에 있느냐에 따라 정책과 방향은 달라진다. 비유하자면 변호사가 의뢰인이 고소인인지 피고인인지에 따라 변론 방향이 달라짐과 같다.

결론부터 말해, 법적으로 보면 헤드헌터는 클라이언트인 기업의 편이 맞다. 헤드헌팅 회사가 기업^{혹은 기관}과 계약을 체결하기 때문이다. 헤드헌팅 회사는 기업과 계약을 체결하여 채용 프로젝트를 진행하며 인재를 발굴, 추천한다. 그러므로 기업, 후보자 입장에서 편을 나눈다면 법률적으로 본다면 헤드헌터는 기업의 편이다. 물론 기업과 헤드헌팅 회사 쌍방이 윤리적, 법적 문제가 없을 경우를 전제한다.

위 내용은 헤드헌팅을 모르는 사람이 읽어도 상식적으로 이해되는 내용이다. 문제는 협업 시스템이 존재할 경우에 달라지는 '편'의 메커니즘을 알아야 한다는 점이다.

대형 서치펌을 기준으로 본다면 헤드헌터들 간 내부 협업이 반드시 존재한다. 혼자서는 그 많은 채용 프로젝트를 소화할 수 없기 때문이다.

고객사와 직접 커뮤니케이션을 하는 헤드헌터를 키맨^{매니저, PM 등과 같다}이라고 한다. 이러한 키맨에게 협업으로 프로젝트에 적합한 후보자를 추천한 헤드헌터를 '추천인'라고 한다. 그렇다면 추천인은 사실 고객사와는 직접적인 관계가 없다고 보면 된다.

고객사와 헤드헌팅 회사가 계약을 했지만 추천인은 키맨의 소유권이 있는 고객사와 소통은 할 수 없다. 이러한 상황에서 추천인은 기업^{고객사}의 편이 아니라 추천인이 진행하는 후보자의 편에 서게 된다.

그리하여 협업의 시스템 하에서 키맨은 고객사의 편, 추천인은 후보자의 편에 서서 협업이 진행된다.

일반적으로 고객사 담당 헤드헌터인 키맨은 기업의 편에 선다. 후보자를 추천하여 소유권을 점하고 있는 추천인은 후보자의 편에 서게 된다. 물론 키맨과 추천인이 동일 인물일 경우에는 기업고객사의 편에 있다고 보면 된다.

그러나 여러 협업이 실타래처럼 얽혀 있으면 전체적으로 복잡한 정치적 관계가 형성된다. 추천인이라고 마냥 후보자의 편에서만 권익을 주장할 수 없다. 마찬가지로 키맨이 고객사를 쥐고 있다고 해서 추천인을 하대할 수 없다. 오늘의 추천인이 내일의 키맨이고 어제의 키맨이 오늘의 추천인이 되기 때문이다. 자주 듣는, '정권이 바뀌면 두고 보자'라는 그 논리를 생각하면 쉽게 이해할 수 있을 것이다.

그러므로 헤드헌터가 '누구의 편'이냐는 여부는 외부에서는 결코 알 수 없다. 이를 파헤치려면 조직행동론에 정통한 학자를 데려와서 분석을 해도 모자랄 것이다.

법적인 편이 존재하고, 협업에 따른 정치적 편이 존재하더라도 참된 헤드헌터라면 '편'이 없어야 한다. 고객사를 상대함과 후보자를 상대함의 방향이 일관되어야 한다는 것이다.

바르고 투명한 채용 시장을 확립하고 정착시키려면 헤드헌터의 바른 윤리관이 절대적으로 중요하다. 자신의 이익과 권익 수호에 따라 정책과 방향이 달라지는 헤드헌터는 기술자일 뿐이다. 이러한 임기응변은 대한민국 법률에서 말하는 신의성실의 원칙을 져버리게 만드는 도화선일 뿐이다.

애써 발굴한 후보자와 관계가 단절되어 진행을 철회하더라도 이력서 허위기재는 기업에 알려야 한다.

마찬가지로 기업의 부당, 불법행위가 있다면 피해자가 없게 해야 한다.

이러한 행동에는 상당한 용기와 담력이 요구된다. 세상은 뿌린 대로 돌아온다. 부정의와 다투어 얻은 손해는 미래의 재산임을 인지하길 바란다.

그러므로 헤드헌터는 기업도 후보자도 아닌 정의正義의 '편'에서 있어야 한다. 그렇게 정진한다면 평안한 하루를 보내고 '다가올 내일을 기다리는 사람'으로서 자아를 실현할 수 있다.

다가올 내일을 기다리는 사람은 '미래의 전망'에 믿음과 확신이 있는 사람이다. 미래의 전망을 '비전'이라고 한다. 위 정의에 의하면 정의의 편에서 일하는 사람이 바로 '비전' 있는 일을 하고 있는 것이다.

헤드헌터는 누구의 편인가를 다시 묻는다면, 헤드헌터는 그
저 정의의 편에 있어야 한다고 다시 강조하겠다.

헤드헌터, 이력서 허위기재를 찾아내야 한다
– 이력서 허위기재는 모든 불법의 시초

　이력서 허위기재 사항을 찾기는 상당히 어렵다. 깨진 바둑알 찾기와 같다. 작정하고 허위 내용을 기재하면 이를 찾기란 불가능에 가깝다는 것이다.

　이력서 허위기재에는 두 종류가 있다.

　오탈자와 같은 단순 '오기재誤記載'와 착오와 기망欺罔을 목적으로 하는 허위기재이다. 기망은 허위 사실을 말하거나 진실을 은폐함으로써 상대방을 착오에 빠지게 하는 행위이다.

　서울대학교를 '서울대하교'라고 기재한 정도의 오기재는 물론 문제되지 않는다. 문제가 되는 것은 후자, 기망을 목적으로 하는 허위기재이다.

　예를 들어 경력 연수의 조작, 경력 내용의 허위 사실 적시, 특정 회사 경력 은폐 등이 그 예이다.

　이러한 이력서 허위기재는 민, 형사상 책임을 물을 수 있음을 알아야 한다. 후보자가 작정하고 허위 사실을 기재했다면 손해배상을 청구할 수 있다.

헤드헌터는 후보자의 이력서 허위기재를 조심해야 한다. 인재에 대한 사전 검증을 필수로 하는 헤드헌팅에 있어서 상당히 중요한 요소이다. 아울러 기업고객사은 면접 등을 통해 보자 검증을 치밀하게 해야 할 의무가 있다.

설령 이력의 허위기재로 입사를 하더라도 이력서 허위기재는 완벽하게 해고의 사유로 인정된다.

이에 관한 대법원 판례를 요약하면, '이력서 허위를 이유로 해고하는 것은 사회통념상 현저히 부당하지 않다면 정당하다.'

헤드헌터는 후보자의 이력서 허위기재를 최대한 방어하여 기업에 피해가 가지 않도록 해야 한다. 이력서 허위기재를 한 사람은 매사를 그렇게 할 것이기에, 불법행위를 유발할 가능성이 그만큼 크기 때문이다.

헤드헌팅 전문가가 되고자 노력하라

- 헤드헌터의 산업 전문화

특정 산업 분야에 있어서 전문화를 이루는 것은 헤드헌터의 로망이다. 하지만 이는 근대 이전의 색채를 벗어나지 못한 전근 대적인 발상이다.

특정 산업 전문화를 이루어야 하는 목표를 설정하더라도 해당 분야의 전문가가 되기란 어렵다. 산업 분야에 정통한 것과 '헤드헌팅 능력'은 별개이기 때문이다. 여기에서 말하는 헤드헌팅 능력은 협상력, 글쓰기, 인사이트나 감각, 성실성 등을 의미한다.

설령 산업 분야 지식이 해박하다고 하더라도 서칭 능력이나 고객사 확보력은 역시 별개이다. 물론 IT, 게임, 금융, 제약 메디컬 분야는 전문성을 요구한다. A 게임 회사 출시 게임이 한글화 예정이었다가 취소된 이유와 배경에 대한 지식이 그 예이다.

이러한 지식, 정보는 전문화가 되어야겠다고 노력한다고 되는 것이 아니다. 비유하자면, 몇 번 부동산을 통하여 매매, 전세, 월세 계약을 진행한 경험이 있다고 치자. 이런 경험이 수차례 있다면 그 사람은 지인에게 부동산 거래에 대한 조언이 가능할 것이다.

그 과정에서 좋지 못한 경험도 있었을 것이니, '산전수전' 경험을 통한 지식은 많을 것이다. 이러한 경험을 수년간 수십 번 했다면 소위 말하는 전문가 소리를 들을 만하다. 이 정도가 되어야 특정 산업 분야에 대한 전문성을 보유했다고 할 수 있다.

그러나 고객사 계약, 후보자 서칭, 채용 성사는 또 다른 별개의 이슈, 과제이다. 그러니 산업 '전문화'가 되려고 고민할 시간에 헤드헌팅 '전문가'가 되려고 노력하라.

제대로 된 헤드헌터는 모든 분야를 다 할 수 있어야 한다. 그렇게 되려면 괴로움을 참는 인고忍苦의 시간과 필생의 노력이 필요하다. 그 시간과 고통을 극복하고 노력하면 저절로 몇 개의 산업 분야에 통찰력이 생긴다.

후보자 입사 후에도 확실한 관리를 해야 한다
　　　　　　　　　　　　 – 후보자 입사 후 관리의 중요성

　헤드헌팅 회사는 합격한 후보자에 대한 관리를 제대로 해야
한다.

　물론 기업^{고객사} 귀책 사유라면 기업의 책임이다. 고객사의 귀
책을 제외하고 설명하자면 합격한 후보자의 관리는 서치펌의
‘미션’이다. 그래서 서치펌 대표가 헤드헌터로 활동하고 있는 곳
은 깊이 있게, 그리고 잘 관찰해야 한다.

　펌 대표가 헤드헌터를 한다면 그는 경영자가 아니라 ‘헤드헌
터’다. 자기 오더 진행에 바쁘기에 한계가 크다. 심지어 그냥 환
불해주고 말지, 라며 신의성실 원칙 없이 대응하는 서치펌을 보
았다. 대부분 서치펌 대표가 헤드헌팅을 하는 경우였다. 그래서
기업은 오더를 의뢰함에 있어서 서치펌 대표의 역할을 눈여겨봐
야 한다. 만에 하나 펌 대표가 헤드헌터를 하는 사람이라면 더
주의하라.

　그리고 무조건 의뢰 전에 서치펌 실사 조사를 하기를 권한다.
　보증 기간 내 후보자 이탈로 인하여 전액환불, 대체 추천 등
으로 고생하는 헤드헌터들이 있다. 후보자 입사 후 주기적 관리,

체크를 하지 않아서다. 미리 대비해야 확실하게 방어가 가능하다.

주기적 커뮤니케이션 하면서 체크한 결과는 제대로 된 사고 대응이 가능하다. 예로, 후보자가 제공한 정보 덕분에 헤드헌터가 고객사 부정행위를 방지하는 경우도 있었다. 이럴 경우 서치펌의 책임은 법적으로 없다.

반면 석세스 이후, 후보자 케어를 게을리하면 이런 일들이 발생할 수 있다.

어느 날 고객사에서 책임지라고 연락이 오고, 후보자는 연락도 안 되는 최악의 상태가 발생한다. 대체 추천으로 고생하다가 진실도 모른 상태에서 결국 전액 환불까지 하는 경우도 있다.

추천인_{고객사 담당 헤드헌터가 아닌 후보자 담당 헤드헌터}이 후보자 관리 1차적 책임자이다. 어쩌면 서칭이나 진행보다 더욱 중요한 부분이다. 그래야 후보자를 통하여 진실된 정보를 입수, 고객사 귀책 유무까지 파악할 수 있기 때문이다. 물론 후보자 귀책이면 서치펌의 책임인 것은 자명한 사실이다.

절대로 협업을 해서는 안 되는 헤드헌터는 '책임감' 없는 헤드헌터이다.

어떤 헤드헌터가 하소연해온 적이 있다. 석세스 이후 사후관리를 태만하게 하여 후보자 퇴사가 이루어졌다고 한다. 추천인

1이 고객사 담당 헤드헌터에게 한다는 소리가 가관이다.

"그냥 돈 환불하고 끝내죠 뭐." 참으로 비상식적인 헤드헌터다.

후보자는 추천인이 모든 책임을 져야 한다.

"그저 이력서나 기업에 전달하고 입사하고 나 몰라라 하는 게 헤드헌터인가요?" 서치펌 시장에 이런 헤드헌터가 있어서는 절대 안 된다. 그러므로 항상 제대로 장인정신을 갖고 추천, 사후관리를 해야 한다.

확실한 책임감을 바탕으로 상도에 입각한 헤드헌팅을 추구할 필요성이 절실한 시대이다.

헤드헌터는 헤드헌터를 조심하라

- 불법행위를 하는 헤드헌터

헤드헌터가 조심해야 할 상대는 기업이나 후보자가 아닌 '불법행위'를 하는 헤드헌터이다.

서치펌이 오랜 시간 노력하여 수집, 구축한 자료와 정보는 기업의 소중한 재산이자 영업기밀이다. 그러므로 서치펌에서 동료들이 공유하는 정보, 자료를 외부로 빼돌린다면 범죄에 해당한다.

헤드헌터 개인이 수집한 정보도 서치펌의 영업비밀로 인정한다고 한다. 실제 법원에서 판결이 나온 형사 판례이다. 불법을 저지른 헤드헌터는 '빼돌린 후보자'가 설령 입사를 안 했어도 수수료 손해배상을 해야 한다. 이 또한 실제 법원에서 판결이 나온 민사 판례이다.

이러한 민, 형사상 판결은 서치펌 핵심 원칙을 사회 통념상 합당하다고 인정하는 근거가 된다. 아울러 헤드헌터로서 지켜야 할 상도와 직업윤리가 법률적 당위성을 내포한다는 근거가 된다. 사회통념이란 사회 일반에 널리 퍼져 있는 건전한 상식常識,

또는 견해見解를 의미한다.

헤드헌터의 불법은 기업과 서치펌은 물론 구직자와 동료들까지 피해를 보게 할 수 있다. 상습적으로 여기저기 서치펌을 옮겨 다니며 여러 차례 불법행위를 했던 헤드헌터도 있다. 그래서 결국 기소되어 형사 유죄 판결을 받았다고 한다. 물론 민사까지 피해 보상을 해야 한다.

프리랜서 헤드헌터인데도 악의적 목적으로 근로자라고 주장, 사기죄로 형사 입건된 사람도 있다. 이러한 헤드헌터의 불법행위는 지능적이고 계획적인 범죄이기에 더욱 엄중히 다스려야 한다.

이처럼 다양한 불법을 행하는 암적인 존재들이 헤드헌팅 시장에 버젓이 존재하는 것이 현실이다. 불법, 범죄를 행하는 헤드헌터의 특징은 상습적이고 가책이나 사죄를 모른다는 것이다. 심지어 상습적으로 불법을 하는 헤드헌터는 오히려 자신이 피해자라고 주장하는 경우도 있다.

헤드헌터들은 항상 투명하게 임하고 약속을 지키며 성실하고 합법적으로 매사에 임해야 한다. 헤드헌터 불법이 발생하는 근본 이유는 헤드헌터가 프리랜서 조직 문화이기 때문이다. 프리랜서 조직이다 보니 대표이사^{사장}로부터 업무상 종속, 지휘를 받지 않는다. 업무적인 종속, 지휘를 받지 않으면 회사에서 일과 시간에 무엇을 하는지 파악이 사실상 어렵다.

그런데도 헤드헌터는 회사 내부 시스템 정보의 사용과 열람은 온종일 가능하다. 종속 지휘는 없는 프리랜서 신분이면서 자료와 정보의 사용과 열람은 무제한 가능하다는 것이다. 그러므로 헤드헌터가 불법, 즉 범죄를 저지르는 것이 쉽게 가능한 것이다.

기업과 후보자의 가교 구실을 하는 헤드헌터가 직업적 소명의식이 있다면 불법은 절대 저지를 수 없다. 고정 기본급 없이 수익에 대한 보장조차 없는 프리랜서라도 소명의식 확립이 무엇보다 중요하다.

헤드헌터 한 사람의 계정 혹은 '한 자리'를 위해서 들어가는 회사의 비용과 노력을 생각해보라. 눈에 보이는, 보이지 않는 기회비용까지 고려하면 헤드헌터의 불법은 엄하게 다스려야 함이 옳다. 법은 국가의 명령이 아닌 '세상 사람들', 즉 국민과의 합의이자 '약속'이다.

그나마 다행인 것은 합법과 바름을 지향하고 약속과 정도^{正道}를 지키는 헤드헌터가 많다는 것이다. 바른 헤드헌터들이 채용

시장에서 지키는 약속과 정도란 참으로 중요하고 소중한 가치
이다.

후보자의 중복 추천은 금물이다
- 헤드헌팅 진행 시 타 서치펌 관련 여부 확인

헤드헌팅을 진행할 때 후보자에게 '타 서치펌을 통한 지원 유무'는 반드시 확인해야 할 사항이다. 법적으로는 먼저 이력서가 접수된 서치펌의 추천 권한이 인정된다. (민사) 이를 합법적으로 악용하여 헤드헌터의 노력과 추천을 인정하지 않는 고객사도 있다.

대부분 후보자는 헤드헌팅 관행, 관련 법규, 제도, 서치펌 기업 간 계약, 원칙을 모른다. 헤드헌터와 후보자는 법적으로 고객 관계가 형성되지 아니할뿐더러 계약된 내용도 없다. 그래서 혹자는 '후보자는 이를 알아야 할 이유도 없다'라고도 한다.

그러나 후보자도 반드시 알아야 한다. 그러므로 후보자에게 교육하고 가르쳐야 한다. 이를 간과하면 결국 헤드헌터가 낭패를 본다. 모든 일은 매우 사소한 빈틈과 귀책에 기인한 실수에서 시작되어 대형 사고로 이어진다. 비즈니스는 물론 세상만사에서 처음부터 날벼락이 떨어지는 경우는 없다.

후보자가 타 서치펌을 통한 추천 혹은 기업체 직접 지원 경험이 있는지를 반드시 파악하라. 특히 '타 서치펌을 통해서 해당 기업에 추천받은 사실이 있다'면 반드시 조사하라. 확실한 사전 교육과 주의 및 경고는 반드시 필요하다. 그래서 메일에 경고 문구를 넣는 것이다.

타 서치펌에서 추천받은 사실을 의도적으로 숨기고 중복 추천받고 진행하는 후보자도 있다. 어차피 고객사에서 알고 추후에 문제가 될 텐데 말이다.

'중복으로 추천받으면 유리할 줄 알았다'라며 비상식적인 말을 하는 후보자도 있다. 헤드헌터가 후보자에게 사전에 확인과 교육을 하지 않아서 생긴 일이다. 잘못은 고객사 즉 기업에서 하더라도 이는 헤드헌터의 무능함, 리더십 부재로 자초하는 일이다.

정치의 'Politics'와 '비즈니스'의 합성어인 'Polisiness'라는 단어를 보자. 헤드헌터를 정의하며 필자가 만들어본 단어다. '商'을 추구하는 행위보다는 정치, 사회성이 강하고 공인으로서 영향력을 발휘한다는 의미이다. 그래서 헤드헌터로 성공하려면 정치, 사회적인 머리가 매우 비상하고 총명해야 한다. 영업 위주로 말로 장사하듯이 하는 그런 수준의 일이 아니다.

총명하면서도 동시에 법규를 잘 지키고 서치펌 사규와 원칙,

정책을 준수하는 사람이어야 한다. 아무나 할 수 있는 그런 일이 아니라는 것이다. 부단한 업무적 노력뿐만 아니라 정신적, 윤리적 가치 추구에도 게을리하지 말아야 한다.

헤드헌터의 대외적인 능력은 서치펌 규모와 업력, 내부 사규와 원칙 등 서치펌 수준에서 나온다. 마치 국력의 결과물이 국제관계, 외교이듯이 말이다.

일단 '빨리 돈이나 벌자'라는 속내를 지닌 헤드헌터라면 하루빨리 이 시장에서 정리되어야 한다. 그래야 헤드헌팅 시장이 깨끗하고 바르게 정화된다. 상도商道와 정도正道가 동시에 서는 시장이 형성된다. 그런 시장에서 헤드헌터는 영향력을 갖게 되고 아래 질문에도 후보자는 솔직한 답을 하게 된다.

"혹시 기존에 그 회사에 추천받았거나 직접 지원하신 적 있으신가요?"

결코 어렵거나, 해서는 안 될 질문이 아니다.

헤드헌터가 하는 말은 전부 공개된다고 생각하라

– 헤드헌터의 말조심

헤드헌터는 공인과 같다. 항상 말과 행동이 세상에 공개되리라 생각하고 일에 임하라. 헤드헌터로서 성공하려면 기본에 충실해야 한다. 기본에 충실하려면 '빈틈'이 있으면 안 된다. 빈틈이 없게 하려면 말을 아끼고 조심해야 하며, 동시에 후보자, 고객사, 내부 직원 간에 거리 유지를 철저히 해야 한다.

가볍고 말이 많은 헤드헌터는 그 말로 인하여 부정적 결과를 만든다. 성공하려면 말에 '용건' 외에는 아예 덧붙이지 않는 게 좋다. 후보자와의 대화는 결국 다 공개가 된다는 사실을 명심해야 한다.

어떤 후보자는 고객사 면접에서 헤드헌터와의 대화 내용^{문자 메시지 등}을 전부 공개하며 기업 측에 보여준다고 한다. 헤드헌터가 한 말을 확인하려는 의도라고 한다. 그래서 고객사에서 해당 헤드헌터를 불신하여 거래를 단절한 곳도 있다. 헤드헌터가 말을 아끼지 않고 해서는 안 될 말을 했기 때문이다.

그러므로 헤드헌터는 공인의 마음가짐으로 자신의 언행은 전부 다 공개된다고 생각하라는 것이다. '공개되어도 될 말만' 후보자에게 하길 바란다. 뚜렷한 원인도 모른 채 고객사와 서서히 멀어지거나 배제되는 헤드헌터라면, 위의 문제를 생각해보고 돌아보라. 후보자와 거리 유지를 못하고 불필요한 말을 후보자에게 한 그 사람의 말과 혀가 문제일 것이다. 그러므로 헤드헌터는 항상 자신의 말은 전부 다 공개된다고 생각하고 매사에 임하라.

결국 후보자는 입사할 기업의 편에 서게 된다.

후보자가 헤드헌터를 믿게 할지언정 헤드헌터가 후보자를 믿는 실수는 범하지 마라. 그리고 후보자는 이력을 속일 수 있기에 수사관의 마음으로 이력서 검증 철저하게 해야 한다.

후보자에게 국민연금 납입 내역을 제출하게 하여 내역에 나온 기업명과 재직 기간을 토대로 이력 검증을 하는 경우도 있는데 매우 바람직한 경우라고 볼 수 있다.

'Polisiness'로서의 정치, 사회적 영향력

인지도 있는 대형 서치펌의 헤드헌터는 인력 중개나 장사, 사업이나 인력 거간꾼 따위가 아니다. 채용 로비스트이자 정보 전문가이다.

The Essence of Headhunter

필자는 그래서 헤드헌터를 과거에는 'CIO'라고도 했다. (Chief Intelligence Officer) 여기에 더하여 필자가 만든 신조어 'Polisiness'를 보면 더 잘 이해될 것이다. 정치의 'Politics'와 비즈니스의 합성어인 'Polisiness'라는 단어이다. '팔리지네스'라고 발음한다. '商'을 추구하는 행위보다는 정치, 사회성이 강하고 공인으로서 영향력을 발휘한다는 의미이다.

소명의식을 갖고 바르게 사회에 도움이 되는 영향력 있는 헤드헌터로 커리어를 쌓을 것인가?

아니면 장사치처럼 인력거간꾼 수준으로 말과 혀로 거짓을 행하며 '양아치 취급'을 받을 것인가?

이 기준은 세상이 정해주는 것이 아니라 헤드헌터들 스스로 정하는 것이다.

연봉협상은 일관되고 중립적이고 구체적이어야 한다
- 후보자 연봉협상을 대하는 자세

헤드헌팅에서 큰 비중을 차지하는 연봉협상은, 날아오는 공을 배트로 치는 것과 같다. 공을 치지 못하면 공은 지나가고 배트는 헛스윙하게 된다. 여기에서 헛스윙이란 배트와 공이 정확히 만나는 '접점'을 찾지 못하고 헛된 스윙을 했다는 의미이다. 헤드헌팅에서 연봉협상은 마치 어둠 속에서 날아오는 공을 쳐야 하는 상황과 같다.

기업에서 정하는 후보자 연봉은 경력, 기존연봉과 희망연봉, 면접 점수에 따라 달라진다. 기업 내부 규정과 연봉 테이블 등도 영향을 미친다. 이는 기업이 후보자 연봉을 정하는 데 있어 여러 기준을 종합적으로 참작한다는 의미이다. 게다가 연봉 이슈는 환율처럼 변동하기 때문에, 헤드헌터가 후보자에게 기약期約할 사안이 아니다.

따라서 헤드헌터는 기업과 후보자 사이에서 연봉에 대한 말 또한 아껴야 한다. 말을 아껴야 한다는 뜻은 책임지지 못할 말을 해서는 안 된다는 의미이다. 말하기 난처하고 어려운 부분은 차라리 언급을 하지 말길 바란다. 헤드헌터가 이를 간과하면 자신이 한 말로 인하여 법정 공방의 원인이 되기에 충분하다.

예를 들어 후보자에게 '희망연봉대로 입사할 수 있다'라는 말을 한다면, 이는 책임질 수 없는 말의 대표적인 예가 된다. 후보자로서는 이를 가능하다는 의미로 받아들인다. 좋은 조건으로 입사할 수 있도록 노력하겠다는 말 외에는 연봉에 대한 언급 시 주의해야 한다.

연봉협상은 면접 이후 절차로 여길 수 있지만, 이미 후보자 추천 때부터 이루어지고 있는 셈이다. 그래서 헤드헌터의 '일관성'은 상당히 중요하다. 특히 일관성은 클라이언트^{기업}가 후보자와 서치펌에 반드시 지켜야 하는 부분이다. 헤드헌팅에서 일관성이 무너지면 신뢰감을 잃게 되어 일을 그르칠 확률이 높아지기 때문이다.

일관성과 더불어 '중립성'도 중요하다. 헤드헌터는 연봉협상에서 철저한 중립을 지켜야 한다. 기업이나 후보자의 편에 치우치는 편향적^{偏向的} 협상을 하지 말아야 한다는 것이다.

실력 없는 헤드헌터는 기업과 후보자에게 '인간적'으로 감정을 표시하거나 희망을 심어준다. 법정에서 판사가 무죄 판결 직후 피고인에게 '축하한다'라는 발언을 한다면 어떨까? 그 상황과 다를 바 없다. 감정이입이 중립성을 훼손할 수 있음을 명심해야 한다. 감정이입은 헤드헌터로서 가장 위험한 행위이자, 실력 없는 초보 헤드헌터의 전형적인 특징이다.

후보자는 최종연봉과 이력증명을 위하여 원천징수영수증을 반드시 제출해야 할 의무가 있다. 만약에 제출하지 않는 후보자가 있다면 과감하게 부적격처리를 하길 바란다.

후보자 이력서에 최종연봉, 희망연봉이 기재되어 있는데 최종연봉은 허위, 거짓이 많다. 후보자는 그저 자신이 체감하는 연봉 액수를 최대한 높게 기재하는 경향이 있기 때문이다. 그래서 상세히 살펴보면 후보자의 최종직장 연봉 등 과거 이력은 사실과 다른 경우가 많다.

이러한 부분을 검증받고자 기업이 서치펌에 헤드헌팅 의뢰를 하는 것이다.

그러므로 헤드헌터는 반드시 후보자로부터 원천징수영수증을 받고 사실관계를 확인해야 한다. 이것이 헤드헌터가 클라이언트에게 보여줄 수 있는 '신의성실의 원칙'이다.

원천징수영수증은 다녔던 회사명과 기간까지 전부 나온다. 즉, 후보자의 이력 검증도 가능하다. 최종연봉 검증에 있어서 원천징수서류에 없는 부분은 결코 인정받지 못한다. '내년에 더 받기로 되어 있다'거나 '승진이 예정되어 있다'는 말은 증명할 수 없다. '현금으로 별도 지급받았다'거나 '주식으로 줬다'는 비상식적 주장도 인정하지 않는다.

오직 원천징수영수증에 있는 내용만이 후보자 최종연봉을 증명하며, 최종연봉으로 인정된다. 그러므로 헤드헌터는 후보자 최종연봉을 클라이언트에 밝히며 검증할 계획이라고 해야 한다. 헤드헌터라면, 증명 불가능한 것은 아무것도 믿지 말아야 한다.

후보자가 해당 포지션에 대한 연봉을 묻는다면 헤드헌터는 이렇게 답해야 한다.

'원천징수증명으로 최종연봉을 증명해야 하고 희망연봉도 참고하여 책정할 것이다.'

'경력 적합도를 검토할 것이고, 면접 점수와 내부규정에 따라 최종합격 후 오퍼를 할 것이다.'

클라이언트에게 후보자 희망연봉을 제시하는 헤드헌터는 아래처럼 제시해야 한다.

'원천징수증명서로 최종연봉 검증을 할 예정이며, 후보자 희

망연봉을 메일로 보냈다.'

'경력 적합도를 검토할 것이고, 면접 점수와 내부규정에 따라 최종합격 후 오퍼를 할 것이다.'

헤드헌터가 기업과 후보자에게 공통으로 해야 할 말은 이러하다.

'기업과 후보자 모두 만족할 수 있는 결과가 나오도록 노력하겠다.'

헤드헌팅 회사에 대한 기업의 갑질은 개선되어야 한다
- 채용시장의 권익보호

다른 행성에서 지구를 바라본다면 어떨까? 지구에 사는 사람은 지구의 모습을 볼 수 없을뿐더러 상상도 하기 어렵다. 다른 행성에서야 제대로 볼 수 있다. 우리는 늘 상대의 입장에서 내가 어떻게 보일지를 생각해야 한다.

한 후보자가 헤드헌터에게 물었다.

"추천하시는 그 기업이 대우를 잘 해주나요?"

헤드헌터가 답한다.

"그럼요, 복지제도도 좋고 입사한 분들 대부분 만족하더라고요."

후보자가 다시 묻는다.

"아니, 그게 아니라 헤드헌터 님에게요. 헤드헌터 님에게 잘 대해주냐고요."

헤드헌터가 당황해하면서 답한다.

"이런 질문은 처음 받아봅니다. 네, 뭐 그렇죠. 잘 대해줍니다."

후보자는 아래처럼 말했다.

"저는 기업을 볼 때에 기업이 거래 관계를 어떻게 대하는지를 먼저 살펴봅니다. 그러면 기업에서 이루어지는 교육 수준이나 문화, 직원을 대하는 자세까지 대략 보이니까요."

헤드헌팅 회사를 대하는 기업의 태도를 보면 기업이 보인다.

기업은 채용 결정권이 있지만 헤드헌터를 통하여 실시간으로 평가를 받는다는 점도 알아야 한다. 기업 평가 사이트에 가보면 특정 기업에 가지 말아야 할 이유가 적나라하게 써 있기도 하다. 헤드헌터가 활동하는 커뮤니티^{카페}에는 기업명을 언급하며 절대 진행하지 말라는 글도 있다.

기업이 헤드헌팅 회사에 행하는 부당한 행위는 불법행위로 이어질 수 있다.

추천받았던 후보자를 뒤로 몰래 채용한다거나, 계약서 변경 요구 모두 부당한 행위이다. 채용 전 후보자 연락처를 확보하려는 시도, 전형 결과를 알려주지 않는 것 모두 부당행위이다.

어떤 기업은 후보자 이력 허위기재 시 수수료의 150%를 서치펌이 내놓으라는 조항을 두기도 한다. 이러한 기업은 헤드헌팅 회사에서 절대로 진행해서도 안 된다. 이런 갑질은 공익을 위해 개선되어야 한다. 설령 계약을 진행하지 않더라도 업계에 알려 부당 행위의 개선이 이루어져야 한다.

불법행위는 법적 조치를 하면 되면 되지만 부당한 행위는 '개선改善' 조치를 해야 한다. 개선이란 '잘못을 고쳐서 좋게 한다'라는 의미이다.

'갑질'이라는 단어가 있다. 갑을 관계에서의 '갑'에 어떤 행동을 뜻하는 접미사인 '질'을 붙여 만든 말이다. 권력의 우위에 있는 갑이 권리관계에서 약자인 을에게 하는 부당행위를 통칭하는 개념이다.

위에서 언급한 기업이 비단 서치펌에게만 부당행위를 하는 것은 아닐 것이다. 그리 놀랄 만한 사안도 아니다. 이러한 기업은 후보자, 타 거래처 등에게도 부당행위를 이렇게 권리처럼 행사할 것이기 때문이다.

놀라운 사실은 부당행위를 하는 기업은 본인들의 권익 침해에 대해서는 상당히 민감하다는 것이다. 히틀러가 인권 보호를 주장한다면 어떨까? 그러한 수준의 모순 행위와 같은 처사이다.

소위 말하는 갑질을 당하지 않으려면 세 가지 방법이 있다. 갑 위치에 있는 자가 부당행위를 인지하고 스스로 개선하는 것.

을 위치에 있는 자가 갑을 관계가 되지 않게끔 영향력을 행사하여 수평관계를 만드는 것.

사회운동을 통하여 부당행위, 갑질이 근절되게끔 제도적, 구조적 해결을 하는 것 등이다.

결론부터 말하자면 기업 스스로의 개선은 불가능하다. 그러한 자발적 개선이 가능했다면 세상에는 범죄도 없고 진정한 인류평화가 실현되었을 것이다.

영향력 행사를 통해 수평관계로 만드는 것도 어렵다. 마찬가지로 영향력 행사를 통한 관계 개선이 가능했다면, 우리나라도 강대국들과 진즉 수평적인 국제 관계를 형성했을 것이다.

따라서 '사회 운동을 통하여 부당행위, 갑질이 근절되게끔 제도적, 구조적 해결을 하는 것'. 이 마지막 방안이 가장 실현 가능성이 높고 구체적이다.

헤드헌팅 기업헤드헌터은 사회적, 정치적 영향력을 줄 수 있는 '업業'이다. 아울러 기업에 경영의 한 부분인 채용과 관련해 자문하는 것 역시 서치펌의 역할이다. 할 말은 할 수 있는 자세가 진정한 기업 자문 역할을 하는 헤드헌터의 소명의식이다.

따라서 기업에게 부당행위를 하지 말라고 경고할 수 있는 담력과 용기가 필요하다. 헤드헌터들이 합심하여 확실한 계약 이행, 수평적 파트너십 지향, 권익 확보를 해야 한다. 블랙 기업을 공유하고 세상에 알려서 구직자가 피해를 당하지 않게끔 방어해야 한다.

이러한 일련의 행위가 바로 사회운동을 통한 기업의 갑질 근절을 위한 실천적 노력의 예이다. 물론 헤드헌터가 기업과 수평적 관계로 가려면 자신부터 윤리, 법적으로 문제가 없어야 한다. 원칙과 약속, 윤리와 법률대로 상대를 대하면 상대도 신의를 버리지 않는다.

헤드헌팅 회사를 부당하게 대하며 갑질을 한다면 기업은 결코 좋은 인재를 채용할 수 없다. 그런 기업 수준에 맞는 사람들로 구성되어 조직 자체가 질서를 잃고 문란해져, 사회악이 된다. '문란紊亂'이란 도덕道德이나 질서秩序, 규칙規則이 어지러움을 뜻한다. 결국, 그러한 기업은 '시간이 흐르면서 서서히 자멸Countdown To Extinction'하게 될 것이다.

헤드헌터에게 갑질을 행하는 기업의 자멸에는 다만 '속도의 차이'가 존재할 뿐이다. 이러한 과정을 두고 순리順理라고도 한다.

헤드헌터가 신뢰할 수 있는 기업이 좋은 인재를 만난다
- 기업이 헤드헌팅할 때 지켜야 할 원칙

기업의 채용 담당자가 헤드헌터에게 반드시 지켜야 할 부분이 있다.

이를 망각하거나 주의를 게을리하면 업계에 안 좋은 평판을 얻게 됨을 명심해야 한다. 채용 시장에서 서치펌 간에도 기업 평판에 대한 정보를 공유하기 때문이다.

특히 기업이 후보자와 헤드헌터를 어떤 식으로 대하느냐는 상당히 구체적으로 공유되고 있다. SNS 및 공유 매체를 통한 업계의 평판을 채용 담당자가 정한다는 사실을 알아야 한다. 그래서 헤드헌터에게 불법, 신의성실 원칙을 어기는 기업은 좋은 인재 채용이 힘들다.

기업의 대표, 구매팀, 인사팀 등 헤드헌팅을 총괄하는 부문은 가지각색이다.

우리는 이들을 채용 담당자라고 한다. 대부분 인사 담당자가 헤드헌팅 채용을 주관하는 경우가 많은 게 사실이다. 그래서 인사 담당자가 채용 담당자라고 생각하는 경우가 많은데, 이는 잘못된 생각이다.

아래의 다섯 가지 원칙을 항상 기억하고 헤드헌팅 회사와 채용을 진행하길 바란다.

＊ 기업은 반드시 서치펌과 서류상의 계약을 체결해야 한다.

＊ 기업, 서치펌 쌍방이 불미스러운 일이나 오해가 없게끔 확실한 계약을 하길 바란다.

＊ 계약 내용을 기업, 서치펌 모두가 확실하고 정확하게 준수해야 한다.

＊ 채용 담당자는 후보자를 직접 연락하는 경우가 없어야 한다. 간혹 몰지각한 기업은 후보자 연락처를 달라고 요구하기도 한다. 이는 서치펌의 영업비밀임을 인지하고 채용 전에는 서치펌을 통해 연락하길 바란다.

＊ 기업은 헤드헌터에게 위에 대한 정확하고 구체적인 결과를 신속하게 줘야 한다. 후보자에 대한 피드백은 크게 나누어 보면 서류전형, 면접전형에 대한 결과이다. 불합격 사유를 솔직하고 정확하게 헤드헌터에게 줄 수 있는 기업이 제대로 된 기업이다.

채용 담당자가 알고 있는 모든 정보를 헤드헌터에게 제공해야 한다.

그저 Job Description에 국한된 채용공고문 형식만 전달하면 제대로 된 추천이 어렵다. 채용 배경과 구체적으로 하게 될 역할, 기업 내부의 관행이나 문화까지 전부 제공하라.

기업, 서치펌의 관계가 소위 말하는 갑을 관계라는 구시대적 발상의 전환을 해야 한다. 채용 담당자도 헤드헌터를 통한 구직을 하는 '내일의 후보자'가 될 수 있음을 인지하라. 이들이 채용 시장이라는 사회에 공존하는 한 다른 위치에서 만날 확률이 높다.

좋은 인재를 추천받으려면 헤드헌터가 기업에 대해서 긍정적 확신을 가져야 한다. 헤드헌터가 느끼기에 진심으로 '좋은 기업'이라는 확신이 들어야 한다. 기업 규모, 매출액 및 직원 수와 같은 객관적 사실과는 절대적으로 다른 개념이다.

채용 담당자가 위 내용을 충족시키지 않는다면 헤드헌터가 과연 기업을 위하여 좋은 후보자를 발굴하여 입사 의지를 심어줄 수 있을지 생각해볼 문제이다. 헤드헌터에게 신뢰를 얻지 못하는 기업이 어떻게 인재에게 모티베이션을 느끼게 할 수 있겠는가. 기업 스스로 먼저 고찰해봐야 할 문제이다.

헤드헌팅은 꾸준한 노력을 통한 자아실현이다
- 노력하는 헤드헌터

기타 연주를 잘하려면 어떻게 해야 할지 생각해보자.

멋지고 빠르게 속주하는 일렉 기타리스트도 처음에는 기타 줄을 하나하나 만져가며 코드부터 배웠을 것이다.

많은 헤드헌터를 접해왔다. 필자가 있는 대형 서치펌의 헤드헌터는 물론이고 타 서치펌의 헤드헌터들을 여럿 봐왔다. 그들을 보고 느낀 점은 바로 아래의 진리이다.

'꾸준한 노력이 일관되게 오랜 시간 쌓이면 비로소 헤드헌터는 결실을 본다.'

'꾸준하다'라는 의미는 어제와 오늘과 내일이 무료하고 지루하도록 똑같고 한결같다는 것이다. '노력'은 목표, 목적을 이루기 위하여 몸과 마음을 다하여 고통스럽게 애를 쓴다는 것이다. '일관되게'는 일관一貫, 즉 하나의 방법이나 태도로써 처음부터 끝까지 한결같다는 것이다. '결실'은 일의 결과가 잘 맺어진다는 의미로 성과를 의미한다.

이를 보다 쉽게 풀어서 쓰면 아래와 같다.

'매일 똑같이 온 힘을 다해 초심을 유지하는 한결같은 실천을

통해 좋은 성과를 만든다.'

위 내용에는 타고난 재능이나 천부적 소질이 전혀 언급되지 않는다.

재능, 소질은 헤드헌터로서의 발전과 성공에 도움은 될 수 있는 요소이다. 그러나 단지 그 정도일 뿐 헤드헌터로서의 성패를 좌우하는 요소는 아니다. 마우스, 키보드가 아무리 고급이라도 컴퓨터의 처리 능력을 좌우하는 요소가 아닌 것과 마찬가지다. 마우스와 키보드는 재능, 소질일 뿐, 중요한 것은 막힘없이 돌아가는 컴퓨터 하드웨어이기 때문이다.

겨우 몇 달을 시도해본 뒤 '해도 안 된다'고 자포자기하는 헤드헌터가 있다. 과거와 달리 시장상황이 좋지 않아서 잘 안 되는 것이라고 변명하는 헤드헌터가 있다. 성패에 일희일비하며 헤드헌팅은 운이 좌우한다고 핑계를 대는 헤드헌터가 있다. 자기는 열심히 했는데 '이상한 후보자' 때문에 잘 안 된다고 주장하는 헤드헌터가 있다. 잘되는 헤드헌터는 고객사를 잘 만났기 때문이라고 타인을 시샘하는 헤드헌터가 있다.

이 모두 '꾸준히 일관되게 노력'하는 것에 정면으로 배치하는 사례이다. 기타라는 악기로 속주 연주를 하고자 그동안 연주자가 견뎌온 인고忍苦의 시간은 바로 희생이다. 이러한 희생은 자신

의 일에 대해 스스로 가치를 부여하면 곧 즐거움과 기쁨이 될
수 있다.

매슬로의 욕구 5단계 설이 있다.

생리적 욕구, 안전의 욕구, 소속의 욕구, 존경과 인정의 욕구,
마지막이 자아실현의 욕구이다. 매슬로는 하위욕구의 충족 시
상위욕구가 발생한다고 했다. 그는 인간의 최고 수준의 욕구로
자아실현의 욕구를 강조했다. 자아실현의 욕구는 모든 단계가
충족돼야만 이뤄질 수 있는 마지막 단계의 욕구이다. 자기 발전
을 이루고 자신의 잠재력을 극대화할 수 있는 단계이다.

전문직 헤드헌터는 5단계인 자아실현의 욕구를 채우는 것을
지향점으로 삼아야 한다. 설령 그 이전 단계의 욕구를 충족시키
지 못했어도 말이다. 그 과정에서 고통과 희생이 뒤따르더라도
자아실현을 지향한다면, 그것만으로도 충분히 가치가 있는 노력
이다.

회사는 사적인 관계를 형성하는 곳이 아니다
- 대인관계 거리유지의 중요성

특히 여러 사람과 기업을 접하는 헤드헌터가 명심해야 할 내용이다.

사회에는 다양한 개성을 지닌 사람들이 모여 조직에서 정한 원칙에 따라 생활을 한다. 사회의 정의는 '개인의 사고와 행동을 구조화시킨 집단'이다. 사회를 거꾸로 하면 '회사會社'가 되는데, 우리가 흔히 말하는 사회는 회사, 직장이다.

이러한 사회, 회사, 직장에서 발생하는 사고의 대부분 원인이 '말'이다. 혀로 한 말이 결국 독이 되어 자기 자신에게 돌아온다.

'세 치 혀가 사람 잡는다'는 속담이 있다. 세 치밖에 안 되는 짧은 혀라도 잘못 놀리면 사람이 죽게 되는 수가 있다는 뜻이다. 이는 말을 함부로 하여서는 안 됨을 비유적으로 이르는 말이다.

회사에서 하는 말이 오직 '업무'에 대한 말이라면 전혀 문제될 것이 없다. 업무에 대한 이야기는 중요하고 필요하기에 오히려 장려되어야 한다. 그러나 사적인 이야기, 험담, 신상에 대한 이슈, 구성원에 대한 이야기 등이면 문제가 된다.

그러므로 회사생활을 오랜 시간 잘하려면 오직 업무 외에는 하지 말아야 한다. 예의와 격식을 갖추고 인사를 잘하고 거리를 유지하며 업무 관련 대화만을 추구해야 한다.

회사에서 누군가와 사적으로 친하게 지내려는 시도는 어떤 방식으로라도 독화살로 돌아온다. 회사에서는 절대로 사적관계 형성을 하면 안 된다. 사회생활을 제대로 해보지 않은 자는 세상 무서운 걸 모르기에 그저 누구와든 친하게 지내려고 노력한다. 그렇게 되면 심적으로 안정되고 자신의 편이 생긴다고 어리석게 착각하는 것이다. 그럴수록 자기도 모르게 적이 생기고 엮이게 될 일을 만드는 패망의 구덩이를 파고 있는 것이다.

조직에 이런 사람이 있다면 단합하여 정리하는 것이 전체를 위한 최선의 방책이다. 겉으로 보기에 인기가 있어 보이니 회사에 도움이 되는 양 보이지만, 실은 암세포와 같은 존재다. 특히 이런 사람은 점심 식사 등 사적 행위로 말을 통하여 조직에 해악을 초래할 수 있다.

여기저기 말을 옮기며 친분을 형성하려는 사람을 눈여겨보라. 경계하고 정리해야 할 사람이다. 업무와 무관한 이야기를 하며, SNS 등 채팅을 일삼고 친한 척하는 사람을 특히 조심하라.

회사에서 상당히 오랜 시간 동안 안정적으로 지내는 모범적인 사람을 보면 알 수 있다. 그 사람의 언행과 업무 중심으로 생활하는 공적 관계에 집중되어 있는 생활 태도를 말이다. 직장에서 오직 업무만을 추구하고, 업무 관련 대화만을 한다면 앉아서 절반의 성공을 한 셈이다.

사회생활에서 '거리유지'가 상당히 중요하다는 사실을 인지해야 한다. 회사는 친한 사람을 만들려고 다니는 것이 아니다. 사람을 통해 일을 하고 일이 되도록 다니는 곳이기 때문이다.

노력을 통해 타고난 능력을 끌어올려라

– 헤드헌팅에서 노력의 중요성

헤드헌팅 과정에서 적합한 후보자를 찾아도, 대부분 후보자는 '제안에 관심이 없다'는 반응을 보일 때가 많다. 그럴 경우 무능한 헤드헌터는 연락이 안 되거나 이메일 회신이 없으면 이를 방치하고 넘어간다. 그렇게 일처리를 하는 이는 비단 헤드헌팅뿐 아니라 무슨 일을 하더라도 성공하기 어렵다.

후보자 이력 정보도 없이 소위 말하는 '아웃서칭'을 하는 경우가 있다.

이런 상황에서 헤드헌터는 자신이 찾고 있는 '플랜트 설계' 담당자가 건물의 몇 층에서 근무하는지 아는 단 하나의 단서로 후보자 커뮤니케이션 토대를 마련한다.

헤드헌터가 이러한 노력을 한다면 후보자를 통해 타인을 소개받거나 고급 정보를 얻을 수 있다. 순간적인 판단으로 단 몇 초 만에 전략을 설정, 실수 없이 실천에 옮기는 것으로 헤드헌팅의 성패가 결정된다.

안타깝지만, 이는 센스이기 때문에 교육, 배움만으로는 불가능한 일이다. 냉정한 이야기지만 센스는 '타고난' 지능에 기인하기 때문이다. 여기에서 타고났다는 것은 '유전heredity'을 의미한다. 종합해보면 헤드헌터가 행하는 일의 성패는 '문제해결 및 인지적 반응을 나타내는 개체의 총체적 능력'인 지능이 좌우한다는 것이고 이러한 지능은 유전에 영향을 받는다는 것이다.

지능은 소위 말하는 스펙과 무관하며, 부모 및 조상의 '유전'으로 형성된다.

열심히 노력하는 것도 유전이고 인격, 불법, 거짓, 험담 등 모두 '유전자'의 영향이다. 조상 직계를 계속 거슬러 올라가면 분명히 영향을 주는 유전인자가 존재했을 것이다.

물론 돌연변이도 있다. 유전자의 본체가 DNA인데, 이러한 DNA의 구조가 변화하여 Distortion왜곡 현상이 걸린 것이다. 이는 매우 특이하고 특수한 기질이나 능력을 보유하게 되며 일반적으로 보기 드문 경우이다.

서치펌이 해야 할 일은 모든 헤드헌터를 완벽하게 성공시키는 것이 아니다. 가능하지도 않을 뿐더러, 역사를 통해서도 그어떤 사례도 없었다. 모든 학생이 만점을 받게 만들겠다는 주장과 같이 불가능한 이론이다. 일반인이 하루에 15시간을 야구 연습에 투자하더라도 메이저리그 선수는 되지 못한다. 타고난 유전적 능력이 정해져있기 때문이다.

서치펌이 해야 할 일은 서치펌 내부 시스템과 제도, 엄격한 규정과 원칙 및 교육과 서치펌 자체의 브랜딩 파워를 통하여 헤드헌터의 타고난 유전적 능력이 '한계치'에 이르게끔 최대한 끌어올려 주는 것이다. 이를 위해 헤드헌터는 우선 자신의 지능적 수준, 한계치를 파악하고 인정해야 한다. 타고난 한계치는 70인데 100을 목표로 설정한다면 부작용이 일어난다. 타고난 한계치는 70인데 25를 발휘하고 있다면 45가 채워지게끔 노력해야 한다는 것이다.

이러한 것들이 갖추어진 서치펌에서 오랜 시간 부단한 노력을 하면 자신의 한계치에 이르는 능력이 나온다. 그렇게 꾸준히 노력한다면 어쩌면 운명론적 유전자에 종속되지 않고 정해진 유전인자를 극복하는 과정을 통하여 자신의 한계를 뛰어넘을 수 있다. 이를 두고 잠재성이 表出^{표출}되었다고 하는 것이다. 이는 물론 수년간 초지일관의 자세로 헤드헌팅 단 하나만 집중하며 노력할 때에 가능한 일이다. 그런데 '타고난 능력'의 소유자도 이러한 필사적인 노력을 하고 있기에, 이들과의 격차를 줄이려면 필생^{畢生}의 노력이 필요하다.

후보자 연락처를 절대로 기업에 넘기지 말라
- 헤드헌터와 기업의 파트너 비즈니스

헤드헌터는 기업에 후보자 연락처를 넘겨서는 안 된다. 어떠한 형태로든 계약 조항에 분명히 언급되는 사항이다.

> 3. '갑'은 '을'의 사전 동의 없이 '을'이 추천한 후보자와 직접 연락을 취하거나 만나서는 안 된다.

헤드헌팅 원칙을 잘 모르는 무지한 기업이 헤드헌터에게 후보자 연락처를 알려달라고 하는 경우도 있다. 철저하게 기업에 헤드헌팅 원칙을 가르쳐줘야 할 필요성이 있다. 헤드헌터는 기업에 원칙을 정확하게 알려주고 계약 내용에 대해서 교육해야 한다는 의미이다.

기업에서 연락처를 요구하는 이유는 후보자에게 직접 연락하기 위함이다. 이렇게 되면 최종 입사가 이루어지지 않아도 결국은 헤드헌터의 전문 연결 없이, 기업과 후보자가 직접 연락하고 지내게 되는 결과를 초래한다.

물론 기업에서 SNS 등 다양한 방법을 동원해 연락을 취할 수 있다. 그러나 절대로 기업에서 후보자에게 '직접 연락'을 해서는 안 된다고 헤드헌터는 명시해야 한다. '연락해도 된다'고 헤드헌터가 직접 허용한 것과는 천지차이임을 기억하라.

헤드헌터가 입사 확정^{연봉, 출근일}전까지 사수해야 하는 게 연락처 정보이다. 저급한 수준의 헤드헌팅 회사는 기강과 원칙이 없다.

기업에 연락처도 넘기고, 심지어 계약서도 없이 인재 추천을 진행하기도 한다. 15% 미만의 수수료로 스스로의 수준을 낮춤과 동시에 인재 채용 시장의 물까지 흐린다.

헤드헌터가 정도와 원칙을 추구하는 이유는 공익과 권익을 위해서이다. 헤드헌터가 추구하는 정도와 원칙은 대한민국 법률이 추구하는 바와 같고 사회통념과 합치한다.

헤드헌팅 비즈니스는 파트너 관계이기에 일반 갑을 관계가 아니라 대등한 동업관계에 기초한다. 기업도 이를 인정하려면 헤드헌터의 바른 행실과 모범, 성실함을 보여야 한다. 기업과 헤드헌터 서로가 이를 인정해야 '신의성실'이 비즈니스 시너지로 발현되는 것이다.

사실과 정보를 기반으로 추천하라

- 채용 후보자 추천의 성립 요건

법학에서 범죄의 성립 요건이 있듯이 헤드헌팅에서 추천의 성립 요건도 존재한다.

추천의 성립요건은 아래 세 가지에 기인한다.

채용의 핵심 요소, 후보자 입사 의지, 후보자 인성이다.

1) 고객사에서 원하는 내용Job Description 전부를 만족시키기란 불가능하다. 그러므로 채용 정보의 핵심 요소를 간파하여 그 비중이 큰 후보자를 내세운다.

2) 입사 의지가 높은 사람을 선별하여 진행해야 한다. JD에 맞아도 입사 의지를 보이지 않으면 보증 기간조차 못 채움을 인지하고 설득하지 않는다.

3) 허위 이력 기재나 주관적 요인인 인성 부분을 가늠한다. 성격, 인성, 태도나 약속 엄수 등을 통하여 판단할 수 있다.

위 성립 요건을 무시하고 수익을 위하여 고객사나 후보자를 설득한다면 비참한 결과를 초래한다. 헤드헌팅을 진행하면서 고객사와 후보자에게 필요한 것은 '사실'과 '정보'이다. 이를 통해 후보자와 고객사가 제대로 된 가치 판단을 하게끔 분석관의 역할을 하는 것이다. 사실과 정보를 분석하여 제공함으로써 기업과 후보자가 어떠한 판단을 할 수 있게끔 돕는다.

변호사나 검사가 사건을 진행할 때에 감정에 호소하지 않고 '증거'라는 정보를 수집, 제시한다. 증거와 판례를 중심으로 분석하여 판사가 어떠한 판단을 하게끔 논리적으로 접근한다.

헤드헌팅도 다르지 않다. 사실과 정보에 기반을 둔 논리적 분석, 추천의 성립요건을 만족하게 하는 것. 헤드헌팅의 기본이다.

SNS는 채용에서 얼마나 중요할까?
- 채용 담당자의 구직자 SNS 조회

'기업에서 채용할 때 페이스북, 인스타그램 등 SNS^{Social Network} ^{Service}를 스크린 하는가?'

취업^{경력자 포함} 준비생들이 자주 하는 질문이다.

결론부터 말하자면 공식적으로는 '그렇지 않다'.

그러나 헤드헌터들은 스카우트 대상 후보자들의 카카오 스토리나 사진 등을 참고하기도 한다. 그리고 언론사나 특정 국가기관의 경우는 실제로 참고해 보는 경우도 있다.

그러므로 비공식적으로는 '그렇다'.

이는 SNS가 평가 대상이라는 의미가 아니라 후보자 관련 모든 정보를 참고하겠다는 의미이다.

하지만 이는 일반적인 채용 절차가 아니기에 이슈나 논란이 될 이유가 없다. 참고 차원에서 공개된 SNS가 있다면 들어가서 보는 정도라고 보면 된다. 그러므로 SNS 스크린이 한 사람의 채용 여부를 결정하는 결정적 요소는 아니라는 의미이다.

오히려 SNS에 나온 왜곡, 오해 소지가 있는 정보로 인해 인재를 놓치는 경우도 있다. 전문가에 의해 만들어진 인적성 검사 프로그램이나 심층 면접으로도 사람 파악이 어렵다. 하물며 SNS 사용자들이 올린 정보를 대상으로 사람을 판단한다는 것은 바람직한 채용 기술은 아니다.

기업은 채용의 본질을 이해하고, 채용을 정석대로 체계적으로 정도正道에 맞게 진행해야 한다. 구직자는 SNS에 취업까지 의식하면서 스트레스 받으며 가식적으로 올릴 필요가 없다. 그럴 시간과 노력으로 자신이 정말 잘할 수 있는 직무에 실무 역량을 갖추는 노력을 하는 게 낫다. 예를 들어 마케팅 직무 취업 준비생이 비영리로 운영하는 상품이나 체험단 블로그 등은 어필이 된다.

그러나 기업에서 인스타그램 등 SNS를 보고 사람을 최종 판단한다는 것은 어불성설語不成說이다. SNS는 직무 관련 특화된 툴이 아니기 때문이다. 어쩌면 가장 개인적이고 유희적인 수단이기 때문이다.

헤드헌팅 의뢰 전에 사전 검토를 해야 한다
- 헤드헌팅 의뢰 전 기업이 반드시 알아야 할 내용

기업에서 좋은 인재를 채용하고자 헤드헌팅을 의뢰할 때 우선 인터넷 검색을 한다. 웹상에서 느낌에 괜찮다 싶은 서치펌을 보고 유선이나 메일로 문의한다. 대부분 기업은 일반적으로 서치펌을 알아볼 때 이런 방식으로 초반 검색을 한다.

서치펌에 대한 소개는 대부분 화려하게 포장되어 있다. 어느 분야 전문, 대형 서치펌, DB 보유 등 호화 찬란한 미사어구에, 어필을 위해 만든 홍보성 문구가 많이 보인다.

기업의 채용 담당자라면 관련해 알아두어야 할 내용이 있다. 즉, 기업에서 헤드헌팅을 서치펌에 의뢰해 진행하려면 반드시 잘 알고 임해야 할 내용이다.

대한민국은 구글이나 야후가 아니라 '네이버'다. 싫든 좋든 그것이 현실이고 현주소이다.

네이버에서 해당 서치펌 이름을 검색해보자. 최적화가 되어 있다면 검색이 될 것이다. 네이버 최적화가 되어 있다면 웹 검색과 관련하여 '신경을 쓰고 있다'는 최소한의 증명이 된다. 하나를 보면 열을 안다고 했다. 펌 자체가 최소한 헤드헌터 타이틀을 내세우며 '일'은 하고 있다는 표시이다.

네이버에서 검색하면 사이트 등록은 물론 관련된 언론 기사나 여러 글과 사진이 나올 것이다. 홍보글도 좋고 언론 기사도 좋다. '잡코리아' 등에 취업 사이트에 올라간 채용 공고도 검색이 될 것이다.

네이버에서 해당 서치펌 이름으로 검색되어 나오는 내용을 최대한 많이 살펴보자. 웹 문서 날짜까지 확인해보도록 하자. 활성화가 되어 있다고 느낀다면 일차 검증은 된 것이다.

그다음에 서치펌 대표번호로 전화를 걸어 수수료, 진행 과정, 서치펌 특장점 및 차별성을 물어라. 그런 뒤 회사 소개서와 수수료 등이 나온 계약서 파일을 이메일로 달라고 하여 받으라. 그러면 네이버 검색에서 느낀 부분이 직접적인 통화와 메일 커뮤니케이션으로 최종 '확인'될 것이다.

무엇보다 직접 서치펌 실사 방문을 해보기를 권한다.

대형 서치펌이라고 하고 DB가 어쩌고 하는 화려한 포장을 까보고 직접 확인해야 한다. 실제로 상주하여 근무하는 헤드헌터 인원수와 근무 환경도 봐야 한다. 네이버 등 검색 엔진, 전화, 메일에서 느낀 매우 주관적인 그 느낌을 단계적으로 확인하라는 것이다. 실제로 필자의 회사에도 직접 방문하는 기업 담당자들이 상당히 많다.

그리고 해당 서치펌의 업무 방식을 명확하게 들어라.

인원이 많은 대형 서치펌이 좋지만 결국 혼자서 일하는 헤드헌팅 체제라면 '대형'도 소용없다. 어떤 헤드헌터와 커뮤니케이션을 하고 인재 서칭은 어떻게, 어떤 식으로 이루어지는지 파악하라. 재택근무가 허용된 서치펌에는 절대로 의뢰 진행하지 말 것을 조언한다. 아침부터 저녁까지 회사에서 정식 출, 퇴근하면서 종일 전념해도 힘든데 재택이라니, 일에 대한 집중도 면에서 '말'도 안 되는 것은 차치하더라도 재택근무는 헤드헌터로서 클라이언트와 후보자에 대한 예의가 아니다.

헤드헌팅은 조금 과장하면 일종의 취업 전쟁과도 같은 국면이다. 국가 간 전쟁이 발발했는데 재택으로 집에서 전쟁할 수 있는지 생각해보길 바란다.

유료직업 소개업 허가는 필수조건이다. 재무구조가 탄탄한지, 중소기업확인증중소기업청인증, 국제인증이 있는지도 빠짐없이 살펴보길 바란다.

계약 앞에 떳떳한 헤드헌팅이 되어야 한다
– 헤드헌팅 계약 내용의 변경 요구 시 대응

헤드헌터가 일을 하는 데 있어서 '對 고객사' 능력은 서치펌의 기반과 큰 관련이 있다. 헤드헌터의 무능력과 결점은 결국 서치펌의 기반이 약해서이며, 이는 곧 대표의 책임이다. 基盤이란 '기초가 되는 바탕 또는 사물의 토대'를 의미한다. 이러한 기반이 되는 서치펌이라면 헤드헌터가 이러한 기반을 잘 활용하고 살릴 줄 알아야 한다.

기반이 되는 서치펌의 헤드헌터 '사례'를 참고로 제시한다. 다음 내용을 본받아 프로젝트의 리더 역할, 즉 키맨의 역할을 완수하길 기원한다.

최종합격 후 후보자 입사 전날에도 고객사 계약 사항 번복 시 헤드헌터가 입사를 취소한 사례가 있다.

기업에서 헤드헌팅 계약 체결 후 헤드헌팅 수수료나 보증기간 변경을 요구하는 경우가 있다. 기반 없이 작은 서치펌은 을의 자세를 자처하며 고객사에서 시키는 대로 하는 경향이 있다.

그래서 고객사의 무리한 요구, 계약을 벗어나는 요청에 어쩔 수 없이 응하는 경우가 많은 것이 현실이다.

이러한 서치펌들의 특징은 대표가 헤드헌터 직무를 직접 수행하거나 소형 서치펌이다. 주로 내부에 체계적인 사규나 규정이 제대로 정비되어 있지 않고 부재한 서치펌이다. 처벌 규정이나 보상 규정에 대한 내부적인 명확함이 없기에 정확한 원칙이나 사규가 없다. 이로 인해 대외적으로도 헤드헌터들이 주장할 근거가 없기에 고객사에 할 말을 제대로 못하는 것이다.

후보자의 입사 직전 고객사가 갑자기 '보증기간을 늘려달라'고 요구했다. 헤드헌터는 이에 응하지 않고 '계약 내용의 이행'을 해야 하는 근거를 제시했다. 서치펌 정책, 사규 및 경영총괄의 허가도 필요하다는 합당한 근거들이 그 예이다.
덧붙여 헤드헌터는 다음과 같은 내용을 언급했다.
'계약 이행이 안 되면 후보자 입사를 미루고 확실한 계약 이행이 가능하면 출근시키겠습니다.'
고객사는 헤드헌터의 주장을 인정하고 모든 계약 내용과 보증기간의 엄수를 약속했다. 그리고 하루 미룬 다음 날 후보자를 출근시켰다.

모두 실제 있었던 '헤드헌터' 모범 사례이다. 물론 정확한 보고와 회사 정책 등 모든 부분이 헤드헌터와 '잘 맞기에' 이루어진 결과이다. 서치펌 핵심가치와 정책이 헤드헌터와 잘 맞아야 함을 보여주는 대목이기도 하다.

신생 서치펌은 위험하다. 최소 서치펌 업력 10년 정도의 헤드헌팅 회사를 선별하도록 하라. 이는 웬만한 산전수전은 겪고 살아남아 탄탄한 기반을 다진 서치펌이라고 볼 수 있기 때문이다.
헤드헌팅은 '명품'과 같다. 명품에는 가격, 가치 등 여러 의미가 공존한다. 아울러 명품에는 가짜, 소위 말하는 '짝퉁'도 존재한다. 위의 내용은 쉽게 비유하자면 명품을 구분하는 조언한 셈이다.

기업들이 마지막으로 생각해봐야 할 문제들이 있다.
과연 자신의 기업이 큰 비용을 치르고 좋은 인재를 채용할 준비가 된 인재를 담을 '그릇'이 되는 기업인지를 생각해봐야 한다. 핵심 인재를 채용할 준비가 된 여유가 있는 기업, 그것이 기업에 가장 중요하고 그다음에 비로소 인재의 영입이 이루어져야 한다는 것이다.
헤드헌팅은 문제 있고 열악한 기업이 인재를 통해 위기를 극복하라고 있는 제도가 아니다. 좋은 기업이 우수하고 뛰어난 인재를 영입해 더욱 막강한 기업이 되고자 함에 그 취지가 있다. 정작 자기 회사의 수준과 실상은 모른 채 헤드헌팅을 유행처럼 알고 의뢰하려는 움직임들은 안타깝다.

무능한 서치펌 리더는 나쁜 선례를 남긴다
– 헤드헌터의 특수성과 리더의 역할

지도자가 무능하면 따르는 사람들이 고생하고 피해를 본다. 여기서 '지도자'는 조직의 대표나 리더 혹은 프로젝트의 '長'을 일컫는다. 여기서 '무능'이라 함은 '어떤 일을 해결하는 능력이 없다'라는 의미다.

헤드헌팅 회사는 일반 기업과 달리 특히 리더, 대표의 역할이 대단히 중요하다. 일반 회사들처럼 정해진 노동만 그저 열심히 한다고 유지되는 조직이 아니기 때문이다. 이는 서치펌이 갖는 '특수성'과 헤드헌터들의 일반적인 '성향'에 기인한다. 대표와 헤드헌터 모두가 실적, 원칙, 발전, 성장, 처벌, 보상, 제도, 합법과 같은 키워드를 존중하고 실현해야 하기 때문이다.

물론 이는 리더가 해야 할 일이다. 동시에 정책과 사규를 따르는 것은 구성원이 해야 할 일이다. 헤드헌터들은 리더를 존경하든 혐오하든 재직하는 동안 무조건 따라야 한다. 구성원들이 정책을 따르지 않으면 그 어떠한 고통과 대가를 치르더라도 따르게 해야 한다. 전체에 해가 되면 원칙에 따른 페널티를 적용해야 전체의 유지와 성장과 발전이 이루어진다.

이러한 철학과 실천 능력으로, 정확한 원칙으로 운영하는 서치펌은 대형 서치펌 가운데 많지 않다. 그러니 그들만이 오래도록 잘되고 있는 것이다.

미국, 일본, 유럽 등 선진 강대국이 왜 복잡하고 엄격한 법과 제도에 기반하는지 생각해보라. 서치펌 대표는 유목민, 집시족 같은 Anti-Social 유형의, 궤멸되어야 할 헤드헌터를 걸러내야 한다. 특히 기업 조직 생활에 적응 못 하고 불법, 부정경쟁 행위를 하는 이들을 솎아내는 역할에 충실하라.

이는 회식이나 단합대회, 워크샵이나 직원과 식사 제안 내지는 '칭찬' 따위로는 택도 없다. 그런 걸로 어떻게 해보려는 대표는 당장 리더 자격이 없으니 사퇴해야 마땅하다.

그렇다면 서치펌의 리더에게 필요한 자질은 무엇인가?

옳고 그름을 아는 '눈'과 과감한 '용기'와 '실천 능력' 그리고 '법과 원칙'에 충실한 자세이다.

필자의 눈앞에는 지금 사무용 '커터'가 보인다. 끈이나 종이를 자르거나 기타 유용한 용도로 쓰인다. 그러나 실수로 손에 닿으면, 스치더라도 베일 수 있다. 그러면 상처가 나고 피가 난다. 칼날에 인격이 있다면 주인의 손에 칼날이 실수로 닿아도 베이지 않도록 칼날을 숨겼을 것이다.

그러나 안타깝게도 칼날에는 인격이 없다. 이처럼 칼날은 종이나 사람의 손 모두에게 '같고 똑같이' 그 칼날의 힘이 물리적으로 적용된다.

이것이 리더가 갖추어야 할 일관성이다.

때로는 살을 도려내는 '고통'이 있어도 어떤 상황에서도 매우 일관되게 적용되어야 하는 것이다. 이런 리더가 이끄는 서치펌에서 일을 할수록 헤드헌터는 바르게 성장하며 발전하게 된다.

리더가 무능하면 굴욕적인 대응이나 해대면서 그에 대한 타개책으로 나쁜 선례만 만든다. 나쁜 선례를 만들면 고객사에서 '다른 서치펌은 다 해주는데요?'라는 공식을 만들게 된다. 그런 공식은 '관행'이 되고 독화살이 되어 헤드헌터들에게 고스란히 돌아온다. 결국은 구성원들이 피해를 본다.

리더십 스쿨이나 MBA과정 등에서 수없이 거론되는 단어가 바로 '리더십'이다. 이는 배우고 깨닫는다고 길러지는 것이 절대로 아니다.

매순간 상당한 고통을 감수할 수 있는 정신력과 어떤 비난도 감수할 수 있는 용기가 필요하기 때문이다.

헤드헌터, 확고하게 계약대로 해야 한다

– 원칙과 계약에 충실하기

모든 비즈니스는 항상 원칙과 계약대로 해야 한다. 무능한 사람들은 가장 쉬운 이것조차 제대로 못한다. 그러니 일이 점점 더 꼬여가는 것이다.

그렇게 원리 원칙대로 못하는 이유는? 바로 돈 때문이다.

눈앞의 돈, 고객사와의 관계 등을 위해 원칙을 어기는 것을 스스로 용인한다면 어떻게 될까? 결국 더 큰 고통을 매우 깊게 느낄 일이 발생하게 된다. 손해를 보는 것이 겁나고 고객을 잃을까 봐 두려운 것이다. 상대방은 그 약점을 알고 있기에 정이나 관계 혹은 미래나 다른 명분을 대고 원칙을 어기게 한다. 그러한 상대의 의도에 동화되어 기존의 확고한 원칙을 어기는 순간부터가 패망의 시작이다.

헤드헌터들이 가장 많이 하는 고민이 다음에 이어지는 내용이다.

입사한 합격자를 기업 측에서 그만두게 하려고 한다. 이유를 들어보니 업무능력이 현저하게 낮고 무능하다고 한다. 즉, 이유는 업무 무능력이다. 그럴 경우에는 헤드헌팅 회사의 귀책이 없다. 그래서 대체 추천을 하지 않는 것이 맞다.

위에서 이야기한 원칙, 계약, 약속을 지켜야 한다는 말은 입 밖에 꺼내기는 쉽다. 하지만 그다음에 예로 든 케이스는 생각만 해도 힘겨울 것이다. 성공하는 사람은 확고한 원칙에 의해 다음과 같은 경우가 가능하다.

헤드헌터는 고객사 귀책사유, 서치펌 귀책사유를 정확하게 가늠해야 한다.

추후 관계 등 다른 이야기는 개의치 말고 원칙대로 하자.

정치인이 무능하다고 비난하고 정부의 외교 능력이 무능하다고 비방하기 전에 헤드헌터 자신이 하는 비즈니스는 잘하고 있는지 돌이켜보라.

자신은 물론이고 상대방이 계약대로 철저하게 약속이행을 할 수 있게 만드는 능력, 이는 헤드헌팅에 있어서 성공적인 비즈니스를 위한 상당히 중요한 능력이다.

헤드헌팅 블랙리스트, 철저히 공유하라
– 이상한 후보자들 걸러내기

많은 헤드헌터들이 '이상한' 후보자들 때문에 고통받곤 한다. 몇 가지 예를 들어보자.

자신의 채용을 책임지라는 후보자, 헤드헌터의 어떤 약점을 잡아서 이를 빌미로 협박을 하는 후보자, 야간이나 주말에 지속적으로 선을 넘는 대화를 시도하는 후보자, 헤드헌터의 귀책으로 자신이 피해를 입었다고 법적인 책임을 언급하는 후보자들도 있다. 이력서에 의도적으로 허위기재를 행한 후보자가 있고, 부정경쟁방지법 위반으로 이미 전 직장에서 형사 전과가 있는 후보자도 있다. 이는 인성에 문제가 있는 사람이라고 볼 수 있다.

후보자, 즉 개인은 헤드헌팅 기업의 고객이 아니다. 법적 관계가 그렇다.

기업이나 기관이 서치펌의 고객이다. 상호 계약을 하기 때문이다.

그리므로 헤드헌터는 후보자의 채용을 반드시 이루어지게 해야 할 그 어떠한 책임도 없다.

그러므로 헤드헌터가 후보자에게 져야 할 책임도 일절 없다. 물론 책에서 나오는 윤리, 도의적인 신의성실 등의 책임이야 있겠지만, 반드시 책임져야 할 '법적인 부분'에서는 자유롭다는 것이다.

그런데 책임을 지지 않아도 되는 후보자^{사람}의 귀책으로 인하여 헤드헌터^{서치펌}와 계약관계인 기업^{고객사}으로부터 비난을 받고 책임져야 할 상황이 온다면 이 얼마나 억울한가?

이는 문제가 있는 후보자들에 대한 정보가 없어서 발생한 문제일 수 있다. 후보자에 대한 어떤 '정보에 대한 미파악' 때문에 발생한 손해라는 것이다. 이러한 상황에 직면한다면 헤드헌터 스스로 상당한 자괴감까지 들 것이다.

블랙리스트라는 단어가 있다. 감시가 필요한 위험 인물들의 명단, 수사 기관에서 위험인물의 동태를 파악하기 위해 마련한 명단, 즉 '감시 대상 명단', '요주의자 명단'으로 순화해 표현할 수 있겠다.

후보자에 대한 블랙리스트는 반드시 공유하자.

특히 서치펌 시장에서 특히 완벽하게 공유되어야 한다. 이를 위한 제도적 장치, 즉 솔루션이 필요하다. 그것이 바로 헤드헌터의 권익을 지키는 길이다.

모든 헤드헌터가 '키맨'이 되지는 못한다
– 헤드헌터 제공권 확보의 중요성

헤드헌터에게 제공권은 무엇이고 왜 중요할까? 차분히 고찰해봐야 할 시점이다. 제공원制空權은 '항공전력이 적보다 우세하여 적으로부터 큰 방해를 받지 않고 육·해·공군 작전을 수행할 수 있는 상태'를 의미한다. 전쟁의 승패를 좌우하는 중요한 부분이기도 하다. 전쟁에서 제공권 장악에 실패하면 육, 해군은 그저 공중에 있는 적들의 표적물이 될 뿐이다.

2차대전 당시 영국군보다 전투기 수량이 1,000대가량 부족했던 독일 공군은 제공권 장악에 실패해 영국 공략에 실패한 뒤 결국 전쟁에서 패했다. 이렇듯 아무리 지상전에서 우위를 점해도 하늘을 장악하지 못하면, 폭격이나 정보 수집정찰도 불가능해져 결국 전쟁에서 패배로 이어진다.

산업전쟁의 현장인 비즈니스와 국가 간 전쟁은 방법의 차이가 있을 뿐, 그 본질에 있어서 매우 유사하다. 특히 전쟁에서 병사의 사기가 중요하듯 협업하는 사람의 심리 상태는 사기와 연결된다. 이러한 사기는 프로젝트 리더의 제공권 확보에서 나옴을 알아야 한다.

고객사^{기업}를 담당하는 헤드헌터를 프로젝트의 리더, 책임자로서 키맨 혹은 PM이라고 한다. 이러한 키맨에게 협업하며 후보자를 추천하는 헤드헌터를 추천인이라고 한다.

키맨은 기업의 채용 담당자와 교신하며 진행 프로젝트를 책임지고 채용을 완수하고자 노력한다. 키맨은 추천인과 협업하는 경우가 있으며, 협업으로 채용이 성사되면 추천인과 실적을 공유한다. 이러한 서치펌 내부 협업 과정에 있어서 키맨은 군사용어로, 위에서 언급한 '제공권'을 필히 확보해야 한다.

군사학에서 제공권이 절대적인 공중우세를 확보, 육, 해군이 협업해 작전을 제대로 수행할 수 있는 상태를 의미한다면, 헤드헌팅에서의 제공권은 주요 3요소인 고객사, 프로젝트, 후보자에 대한 정보 우위를 확보해 고객사 담당 키맨이 추천인으로부터 적극적인 협업을 유도, 프로젝트를 완벽하게 진행할 수 있는 상태를 의미한다.

키맨의 제공권 장악이 제대로 안 된다면 키맨에게 시간과 노력을 투자한 추천인의 노고가 헛되게 된다. 아울러 고객사인 기업의 거래 단절 등으로 이어질 수 있고, 후보자의 경력에도 심각한 피해를 주게 된다.

키맨의 제공권 확보는 우리가 흔히 말하는 리더십과는 그 본질이 다르다.

리더십은 조직체를 이끌어나가는 지도자의 역량을 의미하는 반면, 키맨의 제공권은 고객사와의 강한 신뢰관계를 구축해 기업에서 의뢰한 프로젝트 정보의 수집과 분석, 전달과 보안을 유지하는 능력이다.

헤드헌팅은 태스크포스task force 성 프로젝트project이다. 해당 프로젝트의 채용 성사를 목적으로 하기에 프로젝트의 중단이나 속행에 있어서 신속, 정확한 키맨의 판단력이 요구된다. 그에 더해 정보력과, 문제 발생 시 이를 해결하는 해결사의 능력과 다자를 아우르는 정치력, 그리고 정의감과 강한 정신력도 필요하다.

헤드헌터의 제공권 장악을 위해서는 고객사의 모든 정보의 동기화가 이루어져야 한다. 협업하는 추천인에게 이에 대한 공유가 실시간으로 반영되어야 한다. 계약 체결은 물론이고 후보자 서류 전형, 면접에 대한 부적격 사유를 추천인이 알아야 하며, 기업이 주는 피드백에 대한 공감이 이루어져야 할 것이다. 그러려면 키맨은 고객사의 채용 담당자뿐만 아니라, 현업과 시니

어급 레벨 임원과도 파트너십 관계를 형성해야 함은 물론이다.

아울러 키맨은 추천인의 독점적 권한을 인정하여 월권행위를 금기시해야 한다. 동시에 추천인에게 합법적인 범위에서 구체적 업무 요청을 해야 하며, 추천인이 영향력을 발휘하게끔 동기부여를 줘야 할 책임도 있다. 따라서 제공권 확보가 단지 고객사와의 돈독한 관계로만 형성된다고 생각한다면 크나큰 오판이다.

전쟁에서 공중우세에 해당하는 제공권 확보에 실패하면 전쟁에서 패하듯이, 앞서 언급한 여러 요소가 복합적으로 어우러져 만들어내는 '제공권 확보'가 어렵다면? 이런 헤드헌터는 키맨을 해서는 안 된다.

키맨의 제공권 확보가 선행되어야 추천인의 노력이 빛을 발할 수 있다. 그리고 이러한 빛은 클라이언트인 기업과 후보자에게 새로운 활로를 열어주는 솔루션을 제시하게 되므로, 키맨의 제공권 확보는 '사회적 가치'를 만드는 공익을 위한 의무이자 노력임을 알아야 한다.

헤드헌터는 어디까지 책임을 져야 할까?
– 헤드헌터의 역할과 책임 범위

기업과 후보자 모두 헤드헌터의 역할과 책임 범위를 정확하게 알아야 한다.

한국직업사전에 나오는 헤드헌터에 대한 정의와 수행직무를 요약하면, 헤드헌터는 서칭과 소개를 주 업무로 한다.

헤드헌터의 정의: 기업의 임원이나 기술자 등 고급인력을 필요로 하는 업체에 원하는 인력의 선정에서부터 평가, 알선까지 조사과정을 거쳐 적정인력을 소개한다.

헤드헌터의 수행 직무: 의뢰업체를 방문하여 요구하는 인재의 능력, 성격, 경력, 제시 연봉 등을 파악한다. 의뢰 업체의 비전, 조직구조, 조직문화, 경력 경로 등을 파악한다. 기존 자료나 인재 탐색을 통해 의뢰업체에서 요구하는 인재와 부합하는 인재를 몇 배수 선발한다. 대상자와 접촉하여 스카우트 제의를 표시한다. 후보대상자를 대상으로 업무수행 능력과 인성을 중심으로 인터뷰한다. 후보자 중 추천할 사람을 선정하여 대상자의 경력, 학력, 인성, 전직 이유, 희망연봉 등을 기술하여 의뢰업체에 송부한다. 의뢰업체에서 긍정적인 반응을 보인 후보자와 연봉 등을 협상하고 조정한다.

(한국직업사전, 2016., 고용노동부 한국고용정보원 워크넷)

고용노동부, 한국직업사전 등의 정의에 따르면 헤드헌팅 회사의 주 역할은 인재의 서칭과 추천이다. 위 정의만 보더라도 서치펌 헤드헌터의 역할과 책임을 알 수 있다.

기업으로부터 적합한 인재를 찾아달라는 의뢰를 받고, 고객사에 인재를 추천하는 행위를 한다는 것이다. 여기서 '추천'이라 함은 후보자 이력서를 기업 채용 담당자에게 제출하여 검토해달라고 요청하는 행위이다.

헤드헌터가 기업에 추천한 후보자가 합격 후 채용이 이루어질 경우, 서치펌이 서칭에 대한 수수료를 받는다. 기업은 후보자 서칭에 많은 시간과 노력이 필요하기 때문에 서칭 비용을 주고 헤드헌팅을 이용하는 것이다.

헤드헌터는 해당 포지션에 적합하다고 판단되는 후보자를 서칭해, 회사와 포지션에 대해 안내한다. 위 과정에서 지원 의사가 있는 후보자로부터 이력서를 받아 직무 내용을 확인한다. 후보자 이력 확인은 유, 무선 커뮤니케이션을 통해 이력서 내용이 맞는지 확인하는 방식으로 이루어진다. 이런 과정을 거친 후 헤드헌터는 후보자 추천 사유를 기재, 이력서를 가공[加工]하여 고객사에 전달한다. 여기서 '가공'이란 법률용어로, 남의 소유물에 노력을 가하여 새로운 물건을 만들어 내는 일을 뜻한다.

헤드헌터로부터 받은 후보자에 대한 '최종 검증'과 '채용 결정'에 대한 권한 책임은 전적으로 고객사에 있다. 채용은 단지 헤드헌터의 소개나 추천으로 완료되는 것이 아니다. 채용은 '결정[決定]이 이루어져야 완료되며, 최종 검증과 채용 결정은 기업[고객사]이 한다. 헤드헌터는 인재의 소개를 위한 서칭을 대행할 뿐 후보자 검증의 전적인 책임은 고객사에 있다. 이러한 검증이 바로 서류상 검증에 해당하는 '서류전형', 대면 검증에 해당하는 '면접전형'이다.

헤드헌터가 많은 노력을 들여 후보자를 서칭, 추천하더라도 기업[고객사]은 철저히 검증해야 한다. 기업의 자체 검증 과정에서 부적합 사유가 있다면 신속하게 불합격 처리를 해야 한다. 아울러 기업은 후보자 불합격 사유를 반드시 헤드헌터에게, 신의성실하게 사실에 근거해 알려야 한다.

기업[고객사]과 달리 서치펌은 후보자 검증에 한계가 있다. 이러한 한계는 '정보의 비대칭非對稱'에 기인한다. 정보의 비대칭은 경제학, 행정학 등에서 자주 나오는 용어로, 시장에서의 각 거래 주체가 보유한 정보에 차이가 있을 때, 그 불균등한 정보 구조를 뜻한다. 정보의 분포에 편향이 있기 때문에 경제 주체 사이에 정보 격차가 생기는 현상 또는 그러한 성질이다.

위의 예로 동일한 포지션예컨대, 회계팀장이라 하더라도 고객사마다 상황이 서로 다름을 예로 들 수 있다. 어떤 기업은 팀원 급이라도 실무보다는 리더십, 총괄, 지휘 능력을 요구하는가 하면, 또 어떤 기업은 팀장 급이어도 팀원들과 함께 실무를 해야 하는 경우도 있다. 또한 회계팀장이지만 세무나 재무 등 어떤 특정한 능력이 있어야 하는 기업도 있다.

고객사가 헤드헌팅 회사에 중요 정보를 사전에 명시적으로 알리지 않는 한, 헤드헌터는 정보의 비대칭을 극복하고자 한다. 따라서 고객사로부터 받은 채용정보에 따라 사회통념 또는 상식 기준으로 후보자 군을 폭넓게 서칭, 추천하는 과정을 통해 고객사가 선택할 범위를 넓히는 노력을 한다. 고객사는 자사만이 알고 있는 정보와 기준으로 추천받은 후보자에 대해 철저히 검증한 후 합격 여부를 결정한다.

그러므로 헤드헌터는 '정보의 비대칭'으로 인해 고객사가 밝히지 않은 정보, 예를 들어 기업 내부 상황이나 팀원들의 분위기 등을 완벽하게 알 수 없다. 따라서 전적으로 고객사가 후보자 채용에 대한 최종 검증을 해야 할 책임과 의무가 있다.

　　이처럼 후보자 검증의 최종적이고도 전적인 책임과 권한이 기업, 즉 고객사에 있음이 법적으로 명확한데도 간혹 헤드헌팅 회사에 후보자에 대한 '보증'을 요구하기도 한다. 이는 헤드헌터의 역할과 책임에 대한 무지無知에서 비롯된 판단 오류이다.

이력서 허위기재는 중대한 불법행위이다

– 이력서 허위기재의 문제점

이력서 허위기재는 채용 무효 및 법적 책임이 가능한 범죄행위가 될 수 있다. 많은 헤드헌터가 엄청난 노력을 하고도 후보자의 이력 허위기재 때문에 고통을 받는다. 구직자의 의도적인 이력 허위기재는 상대방에게 착오를 일으키게 하는 범죄임을 알아야 한다.

이력 허위기재로 인하여 헤드헌터가 애써 진행한 채용이 결렬되는 상황에 처하는 경우도 있다. 심지어 계약이 체결된 기업^{고객사}이 계약 해제를 요구하기도 한다.

후보자는 자신의 이력 허위기재가 발각되면 아래와 같이 대응한다.

'의도적으로 그런 것이 아니다, 실수로 못 고쳤다, 나중에 솔직하게 말하려고 했다, 기존 이력서를 낸 것이다, 동의 없이 조사한 거라면 기분 나쁘다, 정말 죄송하기에 뉘우치며 회개하고 사과하겠다'

그러나 이력 허위기재가 발각된 후 후보자가 이렇게 주장해

봤자 소용없음을 알아야 한다. 이미 불법행위가 이루어졌기 때문이다. 이력 허위기재는 불법행위이자 범죄이므로 법률에 따라 민, 형사 처분을 받게 된다. 아울러 후보자 본인도 '블랙'^{우려되는 인물}으로 분류된다는 사실을 알아야 한다.

후보자의 이력서 허위기재는 작정하고 계획한 범죄임을 모두가 알아야 한다. 설령 운 좋게 형사범죄를 모면하더라도 민사 사안으로는 충분히 손해배상 사유가 된다. 실제 이력서 허위기재가 발각되어 피해보상을 했던 경력자들도 존재한다.

이력서 허위기재는 상대방에게 착오를 일으키는 범죄행위이다. 그러므로 사기의 기수가 이루어진 시점부터 허위기재의 목적인 채용은 무효가 된다.

후보자의 이력서 허위기재는 신의성실의 원칙에 정면으로 반하는 불법행위에 해당함을 다시 한 번 명심하자.

제대로 된 서치펌에서는 '우려되는 후보자'에 대한 정보공유가 확실하게 이루어진다. 기업은 이러한 시스템을 통한 정보공유를 신뢰하기에 후보자에 대한 정확한 정보를 제공하는 서치펌에 헤드헌팅을 지속하여 의뢰한다.

신의성실이란 상대방의 신뢰를 헛되이 하지 않도록 성의를 가지고 행동하는 것이다. 신의성실의 원칙信義誠實 原則은 모든 법 영역에 적용될 수 있는 규범이고 이는 신뢰를 저버리는 방법으로 권리 행사를 하면 안 된다는 원칙이기도 하다. 이에 비추어 보면 후보자는 이력서 허위기재를 절대로 해서는 안 되고 헤드헌터는 이를 용인해서도 안 된다.

헤드헌터는 후보자 이력서 허위기재로 인한 불미스러운 일이 생기지 않게끔 사전에 후보자에게 이력서 허위기재가 이루어지 않도록 엄중한 교육을 하길 바란다. 그것이 최선의 예방책이다.

헤드헌터가 극복해야 할 3요소
- 업무 진행방식, 시간투자, 조직 자체의 문제

헤드헌터가 반드시 극복해야 할 세 가지 요소가 있다.

타고나는 헤드헌터는 없지만 문제 있는 헤드헌터는 많다.

노력으로 충분히 극복 가능하지만, 노력만으로는 극복이 불가능하다.

헤드헌터 일을 정말 열심히 해도 실적이 나오지 않는다면, 아래 내용 가운데 본인에게 해당되는 문제가 있는 것이다.

업무 진행 방식의 문제점

헤드헌터의 업무 진행 방식이나 마인드 및 기술이 절대적으로 잘못되었다. 방식이 잘못되면 기를 쓰고 열심히 해봤자 실적 관리는커녕 최저 생활자로 살아가게 된다.

해결책은 방식을 완전히 바꾸는 것이다. 그러나 스스로 만든 고집의 덫에 걸려 바꾸기가 쉽지 않다. 방식을 바꾸는 것은 사람을 바꾸는 것과 같기 때문이다. 예를 들어 자신의 사상과 종교를 한순간에 바꾸는 것과 같은 크나큰 고통을 수반한다.

사상이나 종교를 바꾸는 것과 비슷한 정도의 고통을 감내하면서도 바꾸고자 한다면 당장 바꾸어라. 하지만 바꾸지 못한다면 업계를 떠날 것을 권유한다.

잘못된 방식으로 하고 있다는 근거는 지금 당신의 6개월간의 실적이다. 그러므로 시간 투자를 열심히 해도 잘 안 되는 사람은 방식을 바꾸어야 한다.

시간 투자의 문제

아침 9시부터 저녁 6시까지 점심시간을 제외하고 진실로 전념하고 있는지 돌이켜보라. 이 기준에 미치지 못하는 시간 투자를 한다면, 당장 헤드헌터뿐 아니라 그 어떠한 전문직도 할 수 없다.

이런 헤드헌터는 분위기 저하의 일등공신이기에 걸어 다니는 '민폐'요 뛰어다니는 '암세포' 그 자체다. 그러므로 실적이 잘 안 나와 고민하는 헤드헌터는 스톱워치를 가동, 스스로 시간 투자를 확인해보라. 판검사부터 댄스 가수에 이르기까지 자기 분야에서 내로라하는 사람들의 시간 투자를 한번 살펴보라. 시간 투자는 모든 성공의 기반이다.

서치펌 조직 자체의 문제

자신이 속한 곳이 부티크 식으로 법인 형식만 갖춘 소규모 헤드헌터 집합체라면, 당장 나와야 한다. 헤드헌터로 승부를 걸려면 서치펌 브랜드 인지도와 기업 환경과 지원 요소가 매우 중요하다. 아울러 내부 시스템의 확고한 존재와 운영 및 강한 원칙의 존재가 필요하다.

근로자가 아닌 전문직 프리랜서 헤드헌터라면 위와 같은 환경이 더욱 절실히 필요하다. 헤드헌터는 최소 20명 많게는 40명 선으로 있어야 한다. 협업과 상호 간 학습, 내부 경쟁을 통한 긴장감 유지와 사회성 등이 필요하기 때문이다.

헤드헌팅 회사를 정말로 잘 선택하길 바란다. 대형 서치펌에는 제대로 된 헤드헌터가 비교적 많다. 몰디브보다 미국에 IT 인재들이 많듯, 대형화는 '전체적 정예화'를 이룬다.

헤드헌터, 리크루터로 가지 마라

헤드헌터가 채용 담당자로 기업에 입사하는 것은 바람직하지 않다.

요즈음은 기업이 비용 절감 차원에서 헤드헌터를 내부 리크루터로 채용하여 일을 시키는 경우가 종종 있다. 헤드헌터로서의 성공 목표가 있는 사람이라면 기업 내부 리크루터 채용공고에 현혹되지 말길 바란다. 필자가 만나본 기업 대표나 채용 담당자는 대부분 기업의 이러한 시도에 대해서 후회한다.

사실 제대로 된 헤드헌터라면 기업의 종속 지휘를 받는 근로자^{노동자}로 들어가서 일하지 않는다. 쉽게 말해서 실적이 좋은 헤드헌터는 기업^{현업}으로 들어가지 않는다는 것이다.

헤드헌터에게는 프로젝트, 고객사, 후보자 등 여러 요소에 대한 진행과 선택의 자유가 주어진다. 그러나 기업 내부 리크루터로 들어가면 철저히 해당 기업의 채용을 위한 일만 해야 한다.
그리고 성과에 대하여 보상을 받는 인센티브 체계도 없을뿐더러 있더라도 상당히 미약하다. 아울러 기업으로부터 종속, 지휘를 받기 때문에 오직 정해진 기업의 채용 미션만을 수행하게 된다.

그래서 기업이 리크루터로 헤드헌터를 채용하면 결국 기업은 헤드헌팅 회사에 다시 의뢰하게 된다. 그렇다면 헤드헌터를 전담 리크루터로 채용하여 비용을 들일 이유가 없는 것이다.

헤드헌팅 회사에 들어가는 비용을 생각한다면 경영학적으로는 리크루터를 채용하는 게 맞다. 그러나 리크루터가 헤드헌팅 회사의 전문 헤드헌터보다 무조건 헤드헌팅을 잘해야 한다는 무서운 전제 조건이 들어간다.

기업의 리크루터는 실력이 좋은 헤드헌터는 절대 가지 않는다는 것을 알아야 한다. 그래서 리크루터의 무능력에 회의를 느낀 대부분 기업은 또다시 헤드헌팅 회사에 의뢰하게 된다.

결국, 리크루터로 들어간 헤드헌터는 허울 좋은 명분으로 실적 압박 하에 들러리 역할만 하게 된다. 기업은 비용월급을 들이기 때문에 헤드헌터 출신 리크루터에게 상당한 실적 압박을 한다.

'너를 채용한 이유는 헤드헌팅 회사에 큰돈을 들이는 거보다 이익이라서 채용한 것이다'

위 명분은 리크루터를 압박하는 충분한 요인이 된다.

사실 헤드헌터 경력자들은 이력서가 워낙 그럴듯하기에 겉보기 등급에 의한 착시로 기업은 채용한다. 모 서치펌 몇 년 경력, 어느 분야 전문가 등의 화려한 포장에 속아 넘어간다.

그러나 기업은 이 조언을 명심해야 한다. 절대로 잘나가는 헤드헌터는 리크루터로 가지 않는다는 것을 말이다.

이와 관련하여 우선 기업에 하는 조언은 아래 다섯 가지이다. 헤드헌터를 내부 리크루터를 채용하지 말고 기업 내부와 HR^{인사} 역량을 강화시킬 방안을 모색해야 한다.

서치펌이 인재 추천에 전념할 수 있게끔 모티베이션을 받을 만한 좋은 조건의 계약을 하라. 대형 서치펌 서너 군데 계약을 체결, 경쟁구도를 형성하여 서치펌 간의 경쟁을 공식화 시켜라.

그래도 헤드헌터를 내부 리크루터로 채용하려면 헤드헌터의 과거 실적^{수익, 급여 등}을 증명받아라.

실력 없는 헤드헌터를 내부 리크루터로 채용하면 기업이 큰 손해를 본다.

1년에 순 급여액이 1억이 넘는 헤드헌터라면 절대로 현업 즉 기업체의 월급쟁이로 입사하지 않는다. 그 어떤 조건을 제시해도 가지 않는다. 대부분 그렇게 헤드헌터를 하다가 현업으로 가는 헤드헌터는 실적이 뛰어나지 않다.

실적이 좋고 실력이 있는 헤드헌터라면 회사원 생활을 다시 하려고 가겠는지 생각해봐야 한다. 실적이 좋지 않고 년차만 있는 수준의 헤드헌터가 이런 기업 내부 리크루터 채용정보에 낚여서 들어가게 된다.

헤드헌터들에게 할 조언은 아래와 같다.
헤드헌터로 성공하고자 한다면 기업의 채용 리크루터로 가지 말길 바란다. 근로자로서 고통만 겪다가 이직하게 될 것이다.

기업들에게 할 조언은 아래와 같다.
리크루터를 채용하기 전에 헤드헌터의 실제 원천징수 영수증 보고 나서 채용하자. 최소 순 급여 1억, 적어도 최소 7천만 원 이상의 세후 급여를 받은 헤드헌터라면 채용해도 된다.
하지만 그런 수준의 헤드헌터라면 절대로 리크루터로 가지 않을 것임을 명심하길 바란다.

승리하는 헤드헌터는 극적인 에피소드가 없다

헤드헌터가 하는 모든 일은 그 본질에 있어서 결국 승리와 패배 둘 중 하나로 귀결되는 '전쟁'과 같다. 승패는 거창한 내용이 아니다. 쉽게 말해서 원하는 것을 이루었느냐 혹은 이루지 못했느냐의 차이이다. 이는 국가 간 전쟁, 기업의 비즈니스뿐 아니라 개인 생활에 대한 이슈까지 포함하며, 비단 헤드헌팅뿐 아니라 우리의 삶도 대부분이 이루거나 혹은 이루지 못하였거나 둘 중 하나로 귀결되기에 승리하는 헤드헌터의 특징을 고찰하고자 한다.

실력 없는 下手^{하수} 헤드헌터는 어떤 프로젝트를 진행하면서 그 과정이 주변에서 보기에 진흙탕 싸움과 같고 피눈물이 나도록 화려하며 동시에 처절하고 감동적이다. 게다가 여러 사람과 부대끼며 갈등을 유발하는 상황이 드라마처럼 섞여 있고 후보자를 위한다는 가식적인 핑계 따위로 민폐를 끼치며 얼굴에 흐르는 땀을 닦는 어려움을 극복하는 과정이 존재한다.

가관인 건 이러한 과정을 통해서 도달한 종착역은 정작 승리가 아닌 本錢^{본전}이라는 것이다. 즉, 드라마틱한 과정을 통하여 진흙탕 싸움 시작 전의 상황과 같은 상황, 그저 없었어도 되는 일로 마무리가 된 것이다. 수많은 사상자를 내고 남북분단으로 귀결된 6.25 전쟁이 그 예이다.

자신과 상대의 상황을 제대로 파악하고 정보를 수집, 분석하여 이길 수 있는 싸움만 하는 헤드헌터, 정도와 원칙을 걷는 헤드헌터는 어떤 일을 처리함에 있어서 위와 같은 과정이 없다. 완벽하고 치밀하게 대비하여 대응하니 처절한 과정이 당연히 없는 것이다. 이는 손자병법에서도 강조하는 '싸우지 않고 이기는 것이 진정한 승리'라는 내용과 상통한다.

하수는 사고가 발생하면 이를 해결하고자 그제서야 온 힘을 다하여 백방으로 뛰어다니기에 이러한 '요란법석'을 주변이 다 알게 되며, 하수는 하수를 알아보기에 그들끼리는 묘한 동족의식이 있기에 요란법석을 거쳐서 본전을 찾은 것을 마치 승리한 것으로 착각, 아래와 같은 극찬을 해댄다.
'헤드헌터님, 열심히 하시더니 대단하시네요. 땀 좀 닦으세요.'
'헤드헌터님, 역시 커뮤니케이션 능력이 정말 뛰어나십니다.'
'이 일에 타고나신듯해요. 너무 드라마 같아요. 우리 오늘 회식해요'

진정으로 내공을 갖춘 헤드헌터였다면 원칙대로 일을 끌고

갔을 것이고, 헤드헌터가 목표로 추진한 일이 안전하게 성사가 되어 평상시와 다름없이 일이 처리되었을 것이다. 위의 사례는 단순하게 자세한 과정과 상황을 생략하고 한 예를 든 것이다.

헤드헌터의 과욕과 무능함, 정보의 부족과 오판이 그런 상황을 만든 것이다.

그 중심에는 원칙과 약속, 신뢰와 공정을 저버린 행위가 분명 존재한다.

게다가 헤드헌터의 무능함이 원칙을 어기는 순간과 만나면 불과 기름이 만난 격이 되어 한순간에 주변까지 피해를 줄 수 있다. 그렇게 되면 '애초에 없었어야 할 일'로 인하여 본전을 찾기 위해서 처절한 고군분투를 시작하고 피눈물 나는 감동적인 에피소드를 만들게 되는데 바로 이런 헤드헌터가 진정한 패배자이자 劣敗者^{열패자}라고 할 수 있다.

헤드헌터라면 어떤 일을 처리함에 있어서 신속하게 熟考^{숙고}하고 대비하면서 원칙과 정석을 중심에 두어라. 완벽하고 안전하게 그리고 조용하게 일을 처리하는 것이 진정한 승리를 위한 기본이다. 그렇기 때문에 무엇을 쉽게 잘 이루는 승리자, 이기는 헤드헌터에게는 드라마틱한 에피소드도 없고 화려한 커뮤니케이션도 없다.

헤드헌터의 진정성이 채용의 성패를 정한다

서치펌^{헤드헌터}의 능력과 수준이 채용에 어떠한 영향을 미치는 지 考察^{고찰} 해본다. 기업의 입장에서 본다면 헤드헌터는 소중한 인재를 다른 회사로 데려가는 사람이다. 그래서 직원과 競業禁 止^{경업금지} 약정을 체결하는 경우도 있다. 이처럼 기업은 현재 재직 중인 핵심 인재의 이직을 방지하고자 합법적인 방어를 한다. 목 적이 수단을 정당화할 수 없으므로 이러한 규정과 법은 반드시 지켜야 한다. 그래서 헤드헌터는 후보자 이직이 위와 같은 법적 문제가 될 소지가 있는지를 주의 깊게 확인해야 한다.

헤드헌터에게는 후보자가 현재 재직 중이 아닌 상태가 헤드 헌팅을 진행하기에 안전하다. 그러나 재직 상태에 있는 후보자 는 고객사에서 더욱 높은 가치로 가늠하는 경향이 있다.

기업의 임원들은 '核心人材^{핵심인재}'의 이직이 발생하지 않게끔 항상 주의를 기울인다. 이는 경영진의 지시사항으로도 자주 등 장한다.

핵심인재의 퇴사, 즉 이직이 이루어지면 이직이 이루어진 배 경과 사유 등을 조사하는 기업이 많다. 기업은 이직이 발생한 부서의 부서장 등 해당 부문 관리자에게 그 책임을 묻고 인사고 과에 반영한다. 핵심인재의 이탈을 두고 리더십의 문제가 있다 는 것으로 간주하는 것이다.

핵심인재란 Core People을 의미하고, 기업의 생존과 지속적 인 성장을 위하여 필요한 인재를 말한다. 기업의 핵심 역량을 형성, 유지, 발전하는데 관여하는 주요 인적자원이라는 의미이 다. 중국 고전 삼국지를 예로 들자면 유비의 수하 장수 조운^{상산의} ^{조자룡}이 핵심인재의 예이다.

중요한 것은 이러한 조치, 즉 인재 유출을 방어하는 조치가 핵심인재에게만 해당한다는 것이다. 기업은 조직에 실익이 없거 나 기업에 기여하지 않은 사람은 剩餘^{잉여}화 혹은 나가게 만든다. 이를 냉혹하다거나 잔인하다고 여기면 안 된다. 기업이 어려워서 급여 체불 상황이 되면 당장 떠나는 직원이 기업만 냉혹하다고 비난할 수 없을 것이다. 핵심인재가 아니라면 기업에서 오히려 헤드헌팅 회사에 리스트를 주고 이직을 유도하는 경우도 있다.

이직 제안을 받은 상황을 부하 직원이 알게 되어 상부에 이 사실을 보고하고 소문은 삽시간에 퍼진다. 심지어 어떤 서치펌, 헤드헌터 이름까지 알아낸다. 헤드헌터가 쉽게 생각한 이직 제안이 후보자가 속한 조직에 큰 파장을 일으킴을 알아야 한다. 그러므로 제안을 할 경우 항상 후보자에게 보안교육^{confidentiality}을 철저하게 해야 한다.

기업으로부터 직원에게 이직을 권했다며 항의를 받는 헤드헌터가 있다.

이에 대해서 헤드헌터는 월권행위라고 답하면서 '이직은 개인의 자유'라고 말한다. 반면에 기업이 경업금지 조항을 내세워 재직자 이탈을 방어하면서 후보자는 법적인 대응에 직면하게 된다. 競業禁止^{경업금지} 위반 의무는 준수해야 하며 사실 기업의 정당한 권리행사이다. 그러므로 헤드헌터는 개인의 자유와 기업의 권리 사이에서 사회통념상 용인될 수 있는 준법성과 고도의 정치적 해법 능력을 갖추어야 한다.

이는 어떠한 기술이나 방법을 배운다고 되는 것이 아니고 참된 마음가짐, 즉 '진정성'을 가져야 이룰 수 있다.

비서 채용은 헤드헌팅에서 상당히 중요한 포지션이다
- 헤드헌터가 알아야 하는 비서 직무의 특성

비서의 '비'는 비밀의 의미이다. 한자어로 '비서秘書', 즉 비밀 '비'를 뜻한다. '비서'의 사전적 의미는 중요한 직위에 있는 사람에게 기밀문서나 사무를 맡아보는 직위를 뜻한다. 일부 몰지각한 임원이나 대표들은 비서를 심부름이나 하는 직원으로 인식한다. 이는 전근대적 사고방식을 갖고 있는 사람이고 이러한 리더가 있는 기업은 반드시 패망한다.

제대로 된 기업은 비서에 대한 생각과 '처우'가 남다르다. 비서를 핵심인재로 여긴다는 의미이다. 기업의 비서는 경영진의 정보와 성향을 매우 잘 알고 있다. 비서는 경영진의 동선 파악은 물론 고급 정보를 많이 접한다. 그러므로 비밀을 지켜야 하는 의무와 책임이 막중하다. 타 부서 직원들과 거리유지를 하면서 품위유지와 자기관리 또한 완벽해야 한다.

아울러 비서는 '내부 컨설턴트'이자 '고급 정보원'이다. 또한 대표나 임원이 제대로 된 업무수행이 가능하게끔 최전선에서 보조해야 한다. 조력자의 역할을 해야 하기에 멀티 플레이어이자 스페셜리스트라고도 하겠다. 이를 종합해보면 헤드헌팅에 있어서 비서 포지션의 진행은 상당히 중요하다고 볼 수 있다.

기업이 비서 채용을 하고자 헤드헌팅 회사에 의뢰하는 것은 헤드헌팅 업계에서 자주 있는 일이다. 경영진과 함께 일해야 하는 비서 업무의 특성상 헤드헌터가 추천한 비서는 곧 헤드헌팅 회사의 능력으로 간주한다.

그러므로 헤드헌터가 비서의 역할과 정의, 비서로서 갖추어야 할 자질과 능력을 제대로 파악하지 못하고 '이상한 후보자'를 기업에 비서로 추천한다면 어떻게 될까? 해당 서치펌과 헤드헌터는 클라이언트인 기업으로부터 철저히 외면당할 수 있음을 알아야 한다.

헤드헌터에게 감정이입은 금물이다

- 후보자 감정이입 배제

감정이입은 타인他人에게 자신의 감정을 넣어, 자신과 그 대상과의 융화를 꾀하는 정신작용이다. 일몰日没을 장엄하다고 느끼는 것은 일몰의 장엄함이 자신 안에 들어오는 것이라고 독일 심리학자 립스가 말했다. 이러한 감정이입은 예술작품 감상에서 필수적이다.

그러나 전문직에 해당하는 헤드헌터는 일에서 감정이입을 철저히 배제해야 한다. 자신의 '기분'을 자주 표현하고 언급하는 사람은 곧 있을 '패망'을 예고하는 사람이다. 특히 유쾌함이나 불쾌함과 같은 얕은 감정에 휘둘리지 않도록 철저한 자기 통제가 필요하다. 이런 헤드헌터는 주변까지 불행하게 만들 수 있다. 설령 잘 되어도 감정기복이 심하고 평안한 생활이 어렵다.

이런 헤드헌터는 진행이 잘 되면 요란법석을 떨고 반대로 진행이 힘겨우면 울상이 된다. 서치펌 구성원에게는 물론이고 후보자, 클라이언트에게 정신적 민폐를 끼친다.

'설레발'이라는 단어가 있다. '몹시 서두르며 부산하게 구는 행동'을 뜻한다. 후보자에게 감정이 이입되거나 지나치게 클라이언트 편향적이 되면 쉽게 '설레발' 행위를 하게 된다. 그렇게 되면 될 일도 안 될 뿐더러 안 될 일은 다른 파국으로 더욱 꼬이게 된다.

헤드헌터가 선을 넘어 후보자의 편에서 응원하면, 후보자는 헤드헌터를 같은 편으로 착각한다. 심지어 후보자가 자신을 헤드헌터의 고객, 클라이언트라고 착각하게 된다.

이는 전부 헤드헌터의 부적절한 후보자 감정이입에 기초한다. 그러므로 헤드헌터와 같은 편으로 착각하게 만드는 후보자 지원과 언행을 특히 주의해야 한다.

헤드헌터의 클라이언트는 기업^{고객사}이다.

후보자는 헤드헌터와 같은 편이 아님을 명심해야 한다.

고소인 조사를 마치고 수사관이 고소인을 응원하고 격려하는 문자메세지를 보낸다고 생각해보라. 야구 심판이 마운드에 서 있는 투수에게 힘내라며 '엄지손가락'을 치켜세웠다고 생각해보라.

헤드헌터에게 감정이입이란, 이 같은 비상식적인 예와 다를 바 없다. 사실관계를 파악, 검증을 하면서 인재를 추천하는 헤드헌터에게 감정이입은 위험하다. 배제 대상이다.

헤드헌터의 후보자에 대한 감정이입은 수험생 부모가 백일기도를 하는 마음에 비유할 수 있다. 법정에서 판사가 고소인을 응원하는 것과 같은 비상식적 행동이다. 이들이 믿어야 하는 것은 고소인이 아니라 제시된 증거와 '증명력'이어야 하기 때문이다.

헤드헌터가 후보자를 위한다는 마음에 불필요한 언행을 보이는 것 또한 위험하다. 특히 초보 헤드헌터, 초입자에게 자주 발생하는 일로 헤드헌터의 본질을 망각한 처사이다.

헤드헌터는 적합한 인재를 찾고 선택하여 검증하고 채용 관련 이슈를 협상하는 일이다. 그러므로 후보자에게 감정적으로 휘둘리며 동화되지 말고 진행을 안내하며 가르쳐야 한다. 헤드헌터의 본질을 망각한 후보자를 위한 행위가 독毒이 되어 돌아올 확률이 크기 때문이다.

로비나 교섭은 허용하지만 종이 한 장 차이로 애써 이루어낸 로비가 추태로 변질될 수 있다. 후보자 채용 성사를 위한 노력을 하다 감정이입을 하여 돌이킬 수 없는 경우의 파국을 경험하게 된다. 그때 가서 헤드헌터의 언행을 후회하고 주워 담으려고 하는 노력은, 애초에 없어야 할 이슈였다.

물론, 후보자와 클라이언트에게 예의를 갖추고 경청하며 의견을 개진하는 것은 바람직하다. 이 또한 감정이입을 배제한 정보 수집과 분석을 위한 전략적 커뮤니케이션에 국한해야 한다.

완벽하고 안전하게 그리고 조용하게 일을 처리하는 것이 진정한 승리를 위한 기본이다. 무엇을 쉽게 잘 이루는 승리자는 지혜로운 명성이 없고 용맹스러운 공훈도 없다. 인류의 역사를 통하여 인정받은 병법서인 손자병법의 기본 원칙이기도 하다.

헤드헌터와 같은 편은 유감스럽지만 후보자나 고객사가 아니다. 헤드헌터의 아군은 함께 일하고 있는 같은 서치펌 소속 대표 및 헤드헌터이다. 설령 그들 간에 경쟁, 협업, 갈등이 공존하더라도 그들은 서로 아군이다. 아침부터 저녁까지 같은 서치펌명을 사용하는 것만큼 공인된 아군이란 존재하지 않는다.

후보자의 슬픔을 함께 고뇌하기 전에 자신의 행위가 아군에게 어떠한 영향을 줄지 고려하라. 감정이입을 통해 만들어진 잘못된 선례가 구성원에게 어떠한 피해를 줄지 생각하라는 것이다.

후보자를 위한다는 아름다운 명분에 스스로 세뇌되지 말고 몇 수를 내다보는 혜안이 필요하다. 이러한 판단을 제대로 하려면 감정이입은 철저히 배제해야 한다. 헤드헌터는 계약의 내용,

사회통념, 대한민국 법률, 서치펌 규정에 따라 일해야 한다. 여기에 일체의 감정이 들어갈 자리는 없어야 한다. 그렇게 되면 헤드헌터는 언제나, 어떤 상황에서나, 누구 앞에서나 흔들리지 않는다.

헤드헌터는 검증의 중요성을 알아야 한다
— 헤드헌팅에서 후보자 검증의 미학(美學)

헤드헌터란 어떤 일을 하는 직업일까? 직업 정보 사전에 등재된 헤드헌터 수행 직무를 요약하면 이러하다.

대상자와 접촉하여 스카우트 제의를 표시한다. 후보자를 대상으로 업무수행능력과 인성을 중심으로 인터뷰한다. 추천할 사람을 선정하여 경력, 학력, 인성, 전직이유, 희망연봉 등을 기술, 업체에 송부한다. — 헤드헌터(한국직업사전, 2016., 고용노동부 한국고용정보원 워크넷) 일부 인용

위 내용에 따르면 헤드헌터의 주 수행 직무는 적합한 후보자에 대한 '서칭'과 '추천'이다. 검색_{검토}하고 추천하는 과정에서 후보자 이력과 경력 등에 대한 조사가 이루어진다.

물론 헤드헌터로부터 추천받은 후보자를 검증하는 최종 책임은 클라이언트_{고객사}에게 있다. 클라이언트는 심도 있는 면접 전형과 평판 조회 등을 통해 후보자를 최종 검증하기 때문이다.

검증_{檢證}이란 본래 법률, 철학 용어이다. 법률 분야에서는 법

관이나 수사관이 감각적으로 어떤 대상의 성질, 상태 따위를 인식, 증거를 조사한다는 뜻이다. 철학 분약에서 검증이란 어떤 명제의 참, 거짓을 사실에 비추어 검사한다는 뜻이다.

그렇다면 헤드헌팅에서 '검증'이란 무엇일까? 헤드헌터의 후보자 검증은 후보자가 제시한 내용에 대한 사실 여부를 정확히 조사하는 것이다.

일부 무지하고 몰지각한 헤드헌터는 후보자를 고객이나 클라이언트로 착각하는 경향이 있다. 주로 초보 헤드헌터들이 무지에서 비롯된, 이러한 비상식적 관행을 저지르기 쉽다.

업계의 여러 헤드헌터들이 전하는 바에 따르면, 후보자가 이력을 허위 기재하는 경우가 상당히 많다고 한다. 후보자가 헤드헌터를 가장 많이 속이는 부분은 크게 최종 연봉, 재직 기간, 공백 사유 등이다.

물론 후보자에 대한 최종 검증 책임은 면접을 진행하는 클라이언트^{기업. 고객사}에게 있다. 그러나 후보자 이력에 대한 검증은 헤드헌터를 통해 반드시 선행되어야 할 과제이다.

헤드헌터는 후보자와 교신하는 초반부터 이러한 조사를 하는 이유를 후보자에게 충분히 설명하는 게 좋다. 고객사 측에서 이력 허위를 발견하면 채용 결렬은 물론 법적 문제로까지 번질 수 있음을 사전 교육해야 한다. 후보자가 당장은 헤드헌터를 속일 수 있을지 몰라도 추후 발각되면 더 심각해질 사안임을 단단히 주지시켜야 한다.

그렇다면 실제로 어떤 과정을 거쳐 검증해야 할까?

후보자 재직 기간과 회사명을 확인하려면 후보자에게 국민연금 증명을 요청해야 한다. 아래 사진에서처럼 국민연금 서류를 통해 후보자 이력 ^{회사명, 경력 기간 등}에 대한 정확한 검증이 가능하다. 후보자의 국민연금가입증명서 제출은 후보자 경력 증명을 위한 요청 사항이다. 헤드헌터는 후보자에게 정확한 증명서 발급 및 출력 방법을 알려줘야 한다. 국민연금공단 사이트에 접속해 전자민원 메뉴, 개인 서비스, 가입증명서 메뉴에서 가능하다. 국민연금 가입내역 전체 항목을 체크한 뒤 출력 가능한 프린터를 목록에서 선택해 누르면 바로 증명서를 확인할 수 있다.

과거 후보자가 받은 연봉 액수에 대한 조사는 원천징수를 통해 파악이 가능하다. 후보자 동의하에 제출하도록 하면 후보자 검증이라는 공익을 위한 행위이기에 합법이며 정당하다.

후보자가 이를 거부한다면? 당연히 사유를 막론하고 해당 건은 진행할 가치가 없다. 이직에 대한 의사가 없거나 은폐하고자 하는 허위기재 내용이 있다는 증거로서 충분하다.

후보자 이력 허위는 서치펌 시장에서 헤드헌터에게 큰 골칫거리이다. 매우 수시로 발생하는 건이다. 많은 후보자가 헤드헌터에게 경력과 연봉을 속이거나, 정해진 면접에 불참하는 등 피해를 준다. 후보자라는 구실로 중간다리 역할을 하는 헤드헌터에게 손해를 끼치는 온갖 행위를 서슴지 않는 것이다.

사실 후보자는 이력 조사를 제대로 진행하는 헤드헌터를 만나면 도리어 감사해야 한다. 헤드헌팅의 완전성을 지향하는 행위는 최소한 후보자에게 합리적인 채용 과정에 필수적인 요소들이 무엇인지, 어떠해야 하는지 깨닫게 하기 때문이다. 후보자의 이력 허위기재의 의도성 여부는 차치하더라도 말이다. 이력 허위기재가 헤드헌터의 진행 범위 안에서 발견된다면 이는 곧 업무의 완전함을 추구하는 행위가 된다.

그러나 허위 이력이 그대로 여과 없이 진행된다면 완전함이 깨지고 불완전 상태로 귀결된다. 클라이언트와의 관계가 파탄에 이르고 소통이 단절되며 채용 시장의 신뢰 관계도 흔들릴 수 있는 중요한 사안이다.

미학美學이라는 단어가 있다. 자연이나 인생, 예술 등에 담긴 미의 본질과 구조를 해명하는 학문을 뜻한다. 미학에서는 완성도가 높은 아름다움이 무엇인가를 분별하는 일이 주된 관심사가 된다. 미학에서 볼 때 완전함이 곧 '미美'가 되며, 불완전함은 곧

'추醜'가 된다. 미학에서는 숭고미, 지성미, 비장미 등으로 아름다움을 분류한다고 한다.

그렇다면 헤드헌팅의 미학은 무엇일까? 헤드헌팅이란 '검증의 미학', 즉 '검증미檢證美'를 추구하는 일이라 하겠다. 이러한 아름다운 검증의 시작은 헤드헌터가, 그 검증의 끝은 클라이언트가 마무리해야 한다. 후보자, 헤드헌터, 클라이언트 모두가 인지해야 할 기초이자 기본인, 헤드헌팅의 미학이다.

헤드헌터는 투자가(投資家) 정신이 필요하다

- 헤드헌터의 투자 대상

삶에서 자기 일에 열정과 가치를 불어넣는 것은 자신에 대한 존중이자 애정이다. 그러나 전략과 정보와 분석 없이, 그저 열정으로 가치를 불어넣으면 그야말로 패망하는 지름길이다.

업계에 있는 여러 헤드헌터를 보면 '최선을 다해서 열심히 한다'고 주장한다. 그러나 헤드헌터가 최선을 다한다는 것은 전문직 종사자로서 당연한 의무이자 기본이다. 그러니 헤드헌터로서 성공하려면 최선을 넘어 완벽하게 일하라고 조언한다.

헤드헌터로서 완벽하게 일하려면 자신이 투자하는 노력이 헛되지 않게 해야 한다. 투자投資는 이익을 얻기 위해 어떤 일에 자본이나 시간, 정성을 쏟는다는 의미이다.

그렇다면 헤드헌터는 자기가 투자하는 대상이 무엇인지를 우선 파악해야 한다. 그 대상은 기업, 즉 고객사인 클라이언트, 클라이언트로부터 파생된 프로젝트이다. 설령 후보자 서칭을 하여 키맨고객사 담당 헤드헌터과 협업하더라도 기업이 투자 대상이다.

이런 의미에서 보면 서치펌의 헤드헌터는 기업의 채용 프로 젝트에 '직접 투자'를 하는 사람이다. 특히 성과에 따라 결실을 달리하는 헤드헌팅은 그야말로 '직접 투자'라고 할 수 있다. 그 래서 비유하자면 헤드헌팅은 마치 채권, 외환 내지는 주식 투자 와 흡사하다고 볼 수 있다.

헤드헌터는 아래 조건을 만족하는 기업에 투자해야 한다. 계 약이 체결된 기업, 혹은 관행에 따라 계약 체결이 확정적인 기 업^{계약}, 수수료가 업계의 정도^{正道}에 어긋나지 않는 범위^{정도}, 현직 자 내지는 퇴직자의 평이 좋은 기업으로 소위 말하는 '블랙'이 아닌 기업^{평판}, 후보자 추천에 대한 피드백이 신속하고 부적격 사 유에 대한 고지가 구체적인 기업^{대응}, 채용 담당자가 신의성실의 원칙을 제대로 지키는 기업^{신의성실}, 채용 배경과 진행 상황이 투명 하고 구체적이어서 헤드헌터에게 공감이 되는 기업^{투명}, 사회통념 상 연봉조건과 처우가 상식적으로 합당한 수준을 제시하는 기업 ^{상식}, 공채 및 다수의 서치펌 등 여러 경로를 통해 동시 다발로 채용을 진행하지 않는 기업^{상도} 등이다.

이 계약, 정도, 평판, 대응, 신의칙, 투명, 상식, 상도는 헤드 헌터가 눈여겨봐야 할 투자 척도이다. 이처럼 헤드헌터는 정보 분석가로서 기업 투자가의 자세를 갖추어야 한다. 투자에 대한 확신을 바탕으로 산업정보와 인적정보를 제대로 분석해야 승기 勝氣를 잡는다. 그때야 비로소 후보자 서칭을 통해 채용 성사로 프로젝트를 종결할 수 있다.

손자병법에서 언급했듯 완벽하게 이길 수 있는 싸움을 해야 한다는 의미이다. 투자할 경우 완벽한 결실을 거둘 가능성이 높은 프로젝트를 진행해야 한다는 것이다.

그런 의미에서 본다면 헤드헌터로서 가장 위험한 마음가짐이 바로 '도전정신'이다. 도전정신은 분석과 전략이 불가능할 경우 스스로 도취하여 무모하게 자신을 희생하는 행위이다. 과거 일본이 그런 의미의 '도전정신'으로 진주만 공습을 했기에 결국 미국이 원자폭탄을 투하, 일본이 패전한 것이다.

헤드헌터에게 필요한 것은 이러한 도전정신이 아니라 투자가 投資家 정신이다.

헤드헌터는 Quest(퀘스트)를 수행한다

헤드헌터가 하는 일은 Search^{서치}가 아닌 Quest^{퀘스트}라고 할 수 있다.

일반적으로 헤드헌팅 회사, 즉 서치펌을 보통 'Executive Search Firm'이라고 한다. 영미권뿐 아니라 한국에서도 헤드헌터를 'Executive Searcher'라고 하는데 필자는 헤드헌터가 후보자를 찾는 것에 중점을 둔 단어 'search'에 국한된 의미로 사용되는 관행에 이의를 제기한다.

17세기 영국의 정치 사상사 존 밀턴은 그의 저서 '아레오파지티카^{Areopagitica}'에서 개인의 다양한 사상이 자유롭게 표현되고 자유롭게 경쟁하다 보면 그중 가장 뛰어난 사상이 힘을 얻게 되고 이는 결국 공동체의 발전에 도움이 된다고 하였다.

필자가 감히 사상가인 존 밀턴의 아레오파지티카의 주장을 빌려서 자유로운 생각을 말하자면 헤드헌터는 'Search'가 아닌 'Quest'를 해야 한다고 본다. 왜냐하면 'Search'는 단순히 찾는 것을 의미하는데 'Quest'는 'Search'를 포함한 의미로 탐구와 탐색 그리고 목표와 도전까지 동시에 내포하기 때문이다. 그래서 필자는 헤드헌터의 주된 미션이 'search'라는 것에 존 밀턴의 다양한 사상이 공익을 만든다는 말을 빌리며 반기를 든다.

사전적 의미에서 'search'는 무엇을 찾는다는 의미인데 그 의미는 특정하게 지정된 것을 의미한다. 구체적인 예로 아나쉬 차간티 감독이 만든 영화 '서치'에서 실종된 딸을 찾는 아버지의 고군분투가 나오는데 이는 '서치'의 대상이 실종된 딸로 특정된 것임을 알 수 있다. 그러나 헤드헌터는 언급한 영화에 나온 실종자를 찾는 행위처럼 특정된 것을 찾는 것이 아닌 기업에서 의뢰한 채용 정보에 따라 불특정 다수의 후보자를 찾고 이력을 비교, 분석하여 찾은 후보자 중에서 최적화된 후보자를 발굴, 검증, 커뮤니케이션하는 과정을 내포하고 있다. 그러므로 헤드헌터의 일은 수사관처럼 특정인을 찾는 행위가 주된 미션이 아니라 기업으로부터 받은 의뢰에 대해 합리적 조언을 하고 때로는 채용정보의 모순을 찾고 고찰하고 산업 분야와 시장을 조사하면서 후보자를 발굴, 입사 의지를 확인하며 평판을 조회, 경력을 검증하는 작업 등의 종합적인 탐구, 탐색 과정을 내포하기에 헤드헌터가 하는 일에 대해 바람직한 용어는 'search'가 아닌 'quest'에 적합하다고 볼 수 있다.

헤드헌팅은 인문, 사회과학적 지식이 상당히 필요한 종합예술과 같은 고난도의 일이다. 이를 위해서는 뛰어난 마케팅 능력이나 후보자 서칭 능력도 필요하지만, 탐험을 하는 불굴의 투지와 자세도 필요하다. 탐험이란 '위험을 무릅쓰고 어떤 곳을 찾아가서 살펴보고 조사'한다는 의미이다. 이러한 탐험의 수혜자는 결국 기업과 후보자 그리고 헤드헌터이다.

그래서 기업은 이러한 위험한 탐험을 하는 헤드헌터에게 후보자 서류전형 결과 및 면접에 대한 정확한 피드백을 주고 사실관계에 입각한 기업 정보를 주면서 헤드헌터가 하는 탐험이 의미 있는 '퀘스트'가 되게끔 가이드 역할을 제대로 해야 할 필요가 있다.

지금 이 시각에도 클라이언트의 채용 의뢰와 그에 따른 후보자의 발굴, 그리고 헤드헌터의 보람과 성공을 위하여 힘겨운 탐험을 계속하고 있는 'Executive Quester'들에게 현직 헤드헌터로서 진심 어린 응원과 격려를 한다.

커리어앤스카우트 소개

『헤드헌터 정신(The Essence of Headhunter)』은 헤드헌팅 회사인 커리어앤스카우트의 컨설턴트(헤드헌터)들이 보유한 헤드헌팅에 대한 지식과 정보를 집대성하여 헤드헌터들이 함께 집필한 전문 교양서적이다.
커리어앤스카우트는 대한민국의 ISO인증(ISO9001) 대형 서치펌이며, 체계적인 정보 시스템에 기반을 두고 '정확한 헤드헌팅'을 통하여 국내외 여러 기업의 채용을 진행하고 있다.
이러한 10년 이상의 노력으로 채용 시장과 헤드헌팅 업계에 바른 관행과 원칙을 만들고자 노력 중이며, 헤드헌팅 기업으로는 처음으로 지식재산, 영업비밀 보호 강화를 주제로 하는 국회정책토론회에 공식 참석했을 정도로 헤드헌터가 수집한 정보와 영업비밀 보호에 핵심가치를 두고 있는 헤드헌팅 전문기업이다.

헤드헌터 정신

초판발행   2018년 10월 30일

지은이   커리어앤스카우트
펴낸이   안종만

편 집   한두희
기획/마케팅   이선경
표지디자인   김연서
제 작   우인도·고철민

펴낸곳   (주) 박영사
             서울특별시 종로구 새문안로3길 36, 1601
             등록 1959. 3. 11. 제300-1959-1호(倫)
전 화   02)733-6771
f a x   02)736-4818
e-mail   pys@pybook.co.kr
homepage   www.pybook.co.kr
ISBN   979-11-303-0673-5 03320

* 잘못된 책은 바꿔드립니다. 본서의 무단복제행위를 금합니다.
* 지은이와 협의하여 인지첩부를 생략합니다.

정 가   19,000원